旬ごはんとごはんがわり

田中博敏

はじめに

毎日のごはん食は手間がかかると、敬遠されがちのようです。とくに朝食はパンで、という家庭が増えているそうです。しかし旅先のホテルや旅館の朝食バイキングでは、断然和食の人気が高いそうです。ですから決して「ごはん」が嫌いなのではなくて、せわしない朝に米を炊いて仕度をする時間がないのでしょう。朝から釜炊きするのはたいへんでしょうから、前夜から段取りして、タイマーつきの炊飯器を使ってみてください。炊きたてのごはんの魅力を再発見するはずです。

朝食か昼食か、あるいは夕食の食卓なのか、ごはんをメインにするのか、あるいはお酒の〆なのかで、ごはんの味つけやボリュームも変わってくると思います。まずはつくり手がその場面を頭において、「食べたい」「おいしい」と思えるようにつくることが大事です。

日本には四季があり、旬の野菜や魚介が豊富に出回ります。ごはんは四季や旬を感じさせてくれる料理の一つです。炊き込むことで、季節の野菜や魚介の香りや色がごはんいっぱいに広がります。本書で紹介したごはんは、数多くある「ごはん」のほんの一例でしかございません。ここで紹介しきれなかった食材で応用したり、相性のよいもの同士を組み合わせてみてください。

そしてご家族やお客さまに満足していただけるような、しみじみとおいしいごはんをつくってみてください。おいしいごはんや料理は、炊きたて、できたてが一番です。高価なブランド米を使うよりも、むしろそのつど炊くことをおすすめします。

なお、本書を出版するにあたり、カメラマンの髙橋栄一氏、柴田書店の佐藤順子さんには1年を通してたいへんお世話になりました。

また数多くの器を提供してくださった、株式会社山口陶器店様、遊旬器株式会社銘壺堂様、出版に多大なる理解と協力をいただいた株式会社黒茶屋とかいせき井中居の調理部スタッフには、深く感謝いたします。

二〇一一年五月

田中博敏

目次

第三章 丼・すし・おにぎり

第四章
雑炊・粥・茶漬け

第五章
めん・餅

第六章
漬け物・ごはんのおかず

撮影／髙橋栄一
デザイン／矢内 里（fungus）
編集／佐藤順子

凡例

●料理名の下に、献立に適した月を示しています。

●（→★頁）は、参照頁を示します。極力該当頁内で解説していますが、頻繁に使用する共通のものに限って、参照頁を記しました。

●本文材料欄において、単位記号なしの数字のみで表記している場合は、配合する割合を示しています。

●本文材料欄において、「以下を★cc」という記載は、あとの行に示した材料を指定の割合、あるいは分量で合わせたものを★cc用意するという意味です。

●本文材料欄の分量において「×4」と記した場合は、1人分の分量の4倍（4人分）という意味です。

●※印をつけたものは、つくり方のうしろに、別途材料とつくり方を説明しています。
また注釈が必要な項目には＊をつけ、後述しています。

●本書で使用しているだしについて。おもに2種類のだしを使いました。
参考までにつくり方を説明しておきますが、みなさんが使いなれただしでつくっていただければいいでしょう。

「だし」水1.8リットルに昆布30gを30分間ほどつけて火にかけ、沸騰直前に昆布を取り除き、火を止めて、かつお削り節60gを入れて漉したもの。

「昆布だし」水1.8リットルに昆布60gを1〜2時間つけてとったもの。

●本書で使用した旨塩は、ミネラル分の多い自然塩のことです。

●第二章以降のつくり方の解説内では、ごはん、炊き込みごはん、すし飯、おこわ、粥の詳しい炊き方は省略しています。
それぞれ第一章に準じてください。

第一章　基本のごはんと漬け物

《基本のごはん》

釜炊きごはん

ごはんは、炊く道具や使う米によって、適した水加減や炊飯時間に違いがでます。ここでは釜を使って炊きました。

一口に釜炊きといっても、釜には土釜、石釜、鉄釜といった釜の素材の違いがあり、釜の形状によって、火の通り具合が違ってきます。

また米の産地や品種、新米か古米かといった、米の状態によっても違いが出てきます。このあたりを、加減して炊いてください。

なお、炊飯器で炊くときは、それぞれの機種の指示に従って炊いてください。

材料

米　1

水　1～1.2

1 米は洗米してザルに上げる。ぬれ布巾をかけて30分間おいて吸水させる。または洗米して水分をきり、釜に移して分量の水を入れて15分間ほど吸水させる。適切に吸水させることで、米の内部への熱の伝わりがよくなり、かために炊き上げたときにも、芯残りを防ぐことができる。

2 釜に移して、米の同量から1.2倍の水を注いで、蓋をして強火にかける。釜の中で吸水させた場合は、そのまま蓋をして強火にかける。

3 沸騰したら、さっとかき混ぜて蓋をして、吹きこぼれない程度の火加減にして10分間炊く。

4 再び強火にして10秒間ほど炊く。もしおこげを食べたいときには、このあと中火にして1分間ほど余分に炊く。

5 火を止めて10分間ほど蒸らす。

6 炊飯が完了したら、釜の縁にシャモジを入れて、底のほうから、ごはんをつぶさないようにほぐす。

胡麻塩

白いごはんや淡い味の炊き込みごはんには、胡麻塩をふると味にアクセントがつきます。常備しておくと便利です。それぞれのごはんの色合いや味、香りに合わせて、黒胡麻塩、白胡麻塩を使い分けてください。

［黒胡麻塩］

黒煎り胡麻１００g、旨塩25g

①黒煎り胡麻をすり鉢で半ずりにして、旨塩を混ぜ合わせる。胡麻はすらずに塩と混ぜ合わせる場合もある。

［白胡麻塩］

白煎り胡麻１００g、旨塩25g

①白煎り胡麻をすり鉢で半ずりにして、旨塩を混ぜ合わせる。

炊き込みごはん

炊き込みごはんを炊く要領は、白いごはんとほぼ同様です。味がつきますので、こげないよう注意してください。塩味よりも醤油味のごはんのほうがこげやすいようです。しかし多少のおこげは、釜炊きならではこうばしくておいしいものです。

具材によっては、あらかじめ調味しただしで米を炊き、炊き上がりに具材をごはんにのせて蒸らしたり、混ぜ込んでから蒸らす場合もあります。やわらかい具材や、炊き込むことでかたくなるようなもの、緑色などの色や香りを重視したいときなどは、このように蒸らしで加えます。

材料

米　1
合せだし　1～1.2

合せだしの味加減

ごはんの合せだしの味加減は、加える具材に合わせて増減してください。また具材に下味をつけて炊き込む場合とそうでない場合にも調味料を調整してください。次の配合の合せだしを、米の分量に合わせて必要量を用意します。

［塩味］
だしまたは昆布だし　900cc
塩　10g
酒　9～90cc
味醂　9cc
淡口醤油　少量（香りづけに）

［醤油味］
だしまたは昆布だし　16～20（800～1000cc）
酒　0.1～1（9～90cc）
淡口醤油　1（50cc）
味醂　0.1（5cc）

＊だしではなく水で炊く場合、昆布を別に加える。昆布の量は、米1合に対して1gが目安。具材に下味をつけない場合は、少し多めに昆布を加える。
＊酒の分量は、野菜類ならば少なめ、魚肉類ならば多めに調整する。

1 米は洗米してザルに上げる。ぬれ布巾をかけて30分間おいて吸水させる。または洗米して水分をきり、釜に移して分量の合せだしを入れて15分間ほど吸水させる。

2 釜に移して、米の同量から1.2倍の合せだしを注いで、蓋をして強火にかける。釜の中で吸水させた場合は、そのまま蓋をして強火にかける。

3 沸騰したら、さっとかき混ぜて蓋をして、吹きこぼれない程度の火加減にして10分間炊く。

4 再び強火にして10秒間ほど炊く。もしおこげを食べたいときには、このあと中火にして30～60秒間ほど余分に炊く。醤油味は塩味よりもこげやすいので注意。

5 火を止めて10分間ほど蒸らす。具材によっては、蒸らす前に具材をのせたり、混ぜ込んでから蒸らすこともある。

6 炊飯が完了したら、釜の縁にシャモジを入れて、底のほうから、ごはんをつぶさないようにほぐす。

釜の手入れ方法

土釜や石釜をはじめて使用する場合は、まず粥を炊きます。米からでも残りごはんからでもいいですが、最初は弱火にかけて鍋をならし、そのあと強火にして粥を炊き、そのまま自然に冷まします。

こうすることで、釜の素材のにおいを除いたり、目詰まりするのでひび割れを防ぐことができます。

毎日の手入れは、よく水洗いをして乾燥させておくことが大事。土釜や石釜の場合、熱いまま釜底を水にぬらしたり、急激に冷やしたり、あるいはぬれたまま火にかけると、ひび割れを起こすことがあります。

また鉄釜の場合は、水洗いしたあと、放置すると錆びてしまうので、火にかけて充分に乾燥させておきましょう。

すし飯

すし飯は、すし酢を混ぜるので、普通よりも少しかために炊きます。飯台は木製を使用すると、飯切りのさいの余分な水分を吸い取ってくれます。

なお、以下の配合はにぎり用ですが、ちらしずし、いなりずし、お子様向きなど、お好みで砂糖と塩の分量を調整してください。

材料
米　5合
水　5合
すし酢
　酢　90cc
　砂糖　50g
　塩　20g

1 ごはんを炊く（↓10頁釜炊きごはん）。すし酢を合わせておく。
2 飯台をぬらして充分水分を含ませたのち、よくふき取る。
3 ごはんを移して、すし酢を回しかけて、シャモジでごはんをつぶさないように、手早く切り混ぜる。
4 冷風をあてて、粗熱をとり、かたく絞ったぬれ布巾をかけて、味をなじませる。

おこわ

おこわには蒸してつくる方法と、炊いてつくる方法があります。ここでは、両方のつくり方を紹介します。

蒸す場合の味つけは、合せだし（煮汁など）にもち米をつけ、さらに打ち水のかわりに合せだしをふります。

＝蒸してつくる

1　もち米は洗米してたっぷりの水に一晩つけて吸水させる。

2　ザルに上げて水分をきる。

3　セイロにもち布巾を敷き、平らに広げる。中央を空けて蒸気の通りをよくして、蓋をして強火で蒸す。

4　10分おきに上下を返しながら打ち水を少量ふる。打ち水が多すぎると、コシのないべとついたおこわに仕上がってしまうので注意したい。4回ほどくり返して40分間ほど蒸す。

［味つけおこわ］

五目おこわなどのような味つけおこわの場合、下味をつけた具材の煮汁に、一晩吸水させたもち米を1時間ほどつけたのち、ザルに上げて汁気をきって強火で蒸します。

このとき、打ち水のかわりに煮汁をふって、同じ要領で蒸します。

［塩味おこわ］

塩味をつけたいときは、前述の通りにもち米を蒸し、打ち水に塩分2％の塩水を使うといいでしょう。

あえて味つけをせずに、胡麻塩などを別に添えてもいいでしょう。この場合、まばらに味がのったところが、またおいしいものです。

［そのほか］

栗おこわを例にあげてみましょう。はじめからむき栗をもち米と混ぜて蒸すこともあるし、栗に下味をつけて仕上げ前に混ぜて蒸すときもあります。

このほか、やわらかい具材や、半生状態ですすめたい具材、色合いを重視したい具材も、仕上がり前に混ぜて蒸します。

＝炊いてつくる

材料

もち米　10

水（合せだし）　7

1　もち米は洗米してザルに上げる。ぬれ布巾をかけて30分間ほどおいて吸水させる。または洗米して水分をきり、釜に移してもち米の7割の水（合せだし）につけて15分間ほど吸水させる。

2　釜に移して、もち米の7割の水（合せだし）を入れて蓋をして、強火にかける。釜の中で吸水させた場合は、そのまま蓋をして強火にかける。

3　沸騰してきたら、さっとかき混ぜて蓋をして、吹きこぼれない程度の火加減で、10分間ほど炊く。

4　再び強火にして10秒間炊く。おこげを食べたいときには、中火で30～60秒間余分に炊く。醤油味はこげやすいので注意。

5　火を止めて10分間ほど蒸らす。

6　炊飯が完了したら、釜の縁にシャモジを入れて、底のほうから、おこわをつぶさないようにほぐす。

合せだしの味加減

味加減は、具材に合わせて増減させてください。また加える具材に下味をつけて炊き込む場合と、そうでない場合にも調整が必要です。次の配合の合せだしを、もち米の分量に合わせて必要量を用意します。

［塩味］　昆布だし９００cc、塩10g、酒18cc

＊水で炊く場合、昆布を別に加える。昆布の量は、もち米1合に対して1gが目安。具材に下味をつけない場合は、少し多めに加える。

［醤油味］　だしまたは昆布だし15～20（７５０～１０００cc）

酒0.1～1（9～90cc）、淡口醤油1（50cc）、味醂0.1（5cc）

粥

粥は七分粥が基本です。七分粥はいろいろ応用しやすい無難なかたさの基本の粥です。これをもとに必要に応じて水の量を増減して炊いてください。

粥は炊き上げてから時間がたつと、米粒が水分を吸い込んで固まってきますので注意してください。

材料

重湯：五分粥の上澄み
（赤ちゃんの離乳食や病人食）
三分粥：米1、水15
五分粥：米1、水10
七分粥：米1、水7
（基本の粥。七草、小豆、玉子、茶、いもなどさまざまな粥に）
全粥：米1、水5

1 米は洗米してザルに上げる。ぬれ布巾をかぶせて30分間吸水させる。
2 熱のあたりがやわらかな鍋（土鍋、石鍋、鉄鍋など）に、米と水を加えて蓋をする。
3 強火にかける。沸騰したら、吹きこぼれない程度の火加減で20分間ほど炊く。
4 次に冷めない程度の弱火にして、20分間ほど蒸らす。
5 塩少量で味つけしてもよい。また醤油餡をかけてもよい。

醤油餡

おもに粥にかけます。甘みのないすっきりした餡（A）と、淡い甘みのついた餡（B）を紹介します。A、Bともにつくり方は共通です。

［醤油餡A］
だし 4
濃口醤油 1
吉野葛 適量

［醤油餡B］
だし 4
味醂 0.5
濃口醤油 1
片栗粉 適量

1 だしに調味料を合わせて熱する。
2 水で溶いた吉野葛、あるいは片栗粉を加えてとろっとしたかたさに仕上げる。

《基本の漬け物》

糠漬け

糠漬けは季節、温度を考えながら、食べる時間を逆算して、塩加減、漬け時間を調整します。漬ける野菜に応じて3時間〜半日ほど、時間を調整してください。

また漬けてから何時間後に食べるかで、塩もみの塩加減を調整します。

漬かったものは、ヌカをつけたまま蓋つきの密封容器などに入れて、冷蔵庫で保管します。

ヌカ床

材料

(タルでつくる場合)

煎り米ヌカ　4kg

昆布だし　6リットル

塩　300g

タカノツメ(種抜き)　20本

錆びた古クギ　20本

くず野菜　適量

(少ない分量でつくる場合)

煎り米ヌカ　1200g

昆布だし　1800cc

塩　90g

タカノツメ(種抜き)　10本

錆びた古クギ　10本

くず野菜　適量

糠漬け

材料

茄子、胡瓜、花茗荷、にんじん、白瓜、オクラ

塩

ヌカ床

1　野菜はヘタなどを取る。大きかったり、漬かりにくいものは適宜に切る。

2　塩もみして、ヌカ床に12時間ほど漬ける。

3　ヌカ床から取り出して水洗いし、水気をきって、食べやすく切る。

オランダ長方皿

［ヌカ床］

1　米ヌカを中火で煎る。こうばしい香りがたってさらっとしてきたら煎り上がり。タル用の分量では煎り時間は約30分間が目安。

2　タルに移し、米ヌカが冷めたら昆布だしを少しずつ加える。

3　塩をふり入れる。

4　天地を返しながら、充分混ぜる。よく煎ってあるので、かなり水を吸う。

5　種を抜いたタカノツメを入れる。

6　古クギは茄子などを漬けるときに、ヌカ床に入れると色よく漬けることができる。束ねるとヌカ床を混ぜるときに手を傷つけずにすむ。

7　ヘタなどのくず野菜に塩をもみ、ヌカ床に漬ける。毎日２回ほど混ぜながら、２～３週間おいてヌカ床をなれさせる。

8　途中で水分が上がってきたら、切り落としたペットボトルをヌカ床に差し込む。しばらくおくと水がたまってくる。

9　水がたまった状態。ペットボトルの中に布巾を入れて吸い取る。

［糠漬け］

10　漬け込み。野菜に塩をもむ。

11　ヌカ床に野菜を立てて漬ける。漬ける量が多いときには、立てるとよい。

12　平らにならす。蓋をして、冷蔵庫で保管する。冬場は常温でよい。

白菜漬け

寒風にさらされ、白菜はますます甘みを増します。早めに食べてもよし、しっかり漬かった味もよし。お好みで召し上がってください。

材料

白菜（天日干ししたもの）　8kg（大3個）
旨塩　160g（白菜の2%）
昆布　50g
柚子（5mm厚さの輪切り）　5個
タカノツメ　10本
◎重石／12kg↓6kg

花渕織部大鉢

1　白菜は外側の葉を2～3枚はがして、根元に十字の切り込みを入れる。

2　まず半分に裂く。

3　さらに半分に裂く。

4　漬かりやすくするために、裂いた根元に5～6cmの切り込みを入れて水洗いする。

5　切り終えた白菜。ザルに並べて、5～6時間天日で干して甘みを引き出す。表面が軽く乾く程度でよい。ここで重さをはかる。

6　漬け物ダルの底に旨塩を一ふりする。1/4の旨塩は残しておく。

7　白菜の根元部分に旨塩を軽くすり込む。

8　白菜、昆布、種を取り除いた柚子とタカノツメを交互に重ねる。高さがそろうように漬ける。

9　最後に、残しておいた1/4の旨塩をたっぷり全体にふる。

10　ごみが入らないように上からビニールをかぶせて重石（12kg）をし、4～5日漬け込む。水分が上がってきたら、重石を半分の重さ（6kg）にして、押しすぎないようにする。

11　漬け終えた白菜。タルから取り出し、水気をしぼり、食べやすく切って盛りつける。

梅干し

梅干しは塩漬けにしてから、雨の少ない時期を見計らって土用干しをします。

ここでは赤紫蘇を使った梅干しを紹介しましたが、赤紫蘇を入れずにつくる場合は、工程7～15を省いて、工程6ののち、土用干しをして白梅酢に漬けます。

梅干しは1年物、あるいは2年物になると、塩がほどよくなれてまろやかになります。

青白磁傘紋向付

梅干しづくりの工程と材料

①塩漬け

南高梅（完熟*）　5kg
旨塩　350g
ホワイトリカー　180cc
◎重石／5kg→3kg→1kg

*梅がまだ完全に熟していなければ、しばらくおく。写真1のように色が黄緑色から黄色くなり、よい香りがたてばよい。塩分を控えめにつくるので、熟していないと酸味だけがたってしまうが、熟した梅は酸味がまろやかになる。

②紫蘇漬け

南高梅塩漬け　①全量
赤紫蘇　1.2kg
旨塩　40g
ホワイトリカー　180cc
◎重石／1kg

③土用干し

④タル詰

◎重石／1kg

［塩漬け］

1 完熟した南高梅は、傷をつけないように、ヘタを竹串で取り除いて水洗いする。たっぷりの水に2時間ほどつけてアク抜きをする。ザルに上げてカビがはえないように水分をていねいにふいて、表面を乾かす。

2 タルにビニール袋を敷き込み、1の梅を一部入れて、塩がなじみやすいようにホワイトリカーを霧吹きで全体に吹きかける。なおタルは事前に熱湯消毒して、充分に乾燥させておく。

3 まんべんなく旨塩をふる。さらに梅を敷き詰め、ホワイトリカーを吹きかけて、旨塩をまんべんなくふる。この作業を数回くり返す。旨塩の半量程度をこの工程で使用する。

4　最後に残りの半量の旨塩をたっぷりふる。

5　ビニール袋の空気を抜いて、軽くしばり、ビニールで包んだ押し蓋をのせ、消毒した5kgの重石をのせて冷暗所におく。

6　写真のように4～5日間たって梅酢が上がってきたら、梅がつぶれないように5kgから3kgに、3kgから1kgに重石を軽くし、2週間ほどして、梅酢が梅につかるくらいまで上がったら重石をはずし、押し蓋だけにする。紫蘇漬けにしない場合は、このまま土用干しまで冷暗所で保存しておく。

［紫蘇漬け］

7　赤紫蘇は葉のみを摘み取る。何度も水を取りかえてきれいに水洗いする。ザルに上げて水気をしっかりきっておく。ボウルに移して、ホワイトリカー半量と旨塩半量をふりかけ、30分間おいてしんなりさせて、もみやすくしておく。

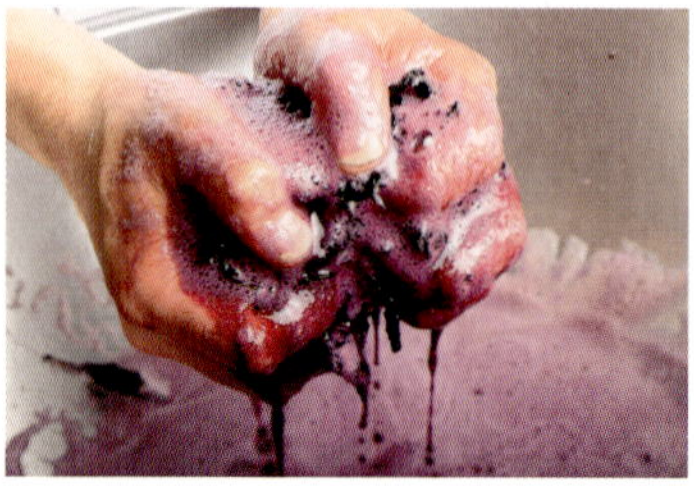

8　しんなりしたら両手でよくもむ。紫色の汁（アク）がでてきたら、赤紫蘇をかたくしぼって、アク汁を捨てる。

9　ボウルに赤紫蘇をもどし、残りのホワイトリカー、旨塩を加えてほぐし、もう一度しっかりもむ。

10　かたくしぼってアク汁を捨てる。

11　塩漬けした6の梅を半分ほど容器に取り出しておく。

12　残りの梅の上に、9の赤紫蘇の半量をほぐしてまんべんなく散らす。

13　取り出しておいた梅を均等に並べてもどす。

14　残りの赤紫蘇をほぐし入れる。

15　ビニール袋の空気を抜いて、軽くしぼり、ホワイトリカーで消毒した押し蓋をのせ、1kgの重石をして土用干しまで冷暗所におく。白梅酢により、赤紫蘇の色素が発色して鮮やかな赤梅酢に変わる。

［土用干し］

16　土用に入って晴天が続くようになったら、土用干しをする。大きな平ザルに紫蘇漬けにした梅を一粒ずつ取り分けて並べる。赤紫蘇は軽くしぼって平ザルにのせて3日間干す。夜間は屋内に取り込む。

17　3日目は残った梅酢をタルに移し、タルごと日にあてて、かびがはえないように、日光消毒する。

18　土用干しがすんだ梅。

［タル詰］

19　17の梅酢に梅を均等な高さになるように並べる。

20　その上に赤紫蘇を入れる。これをくり返して、一番上に赤紫蘇を散らす。

21　ホワイトリカーを霧吹きした押し蓋をのせる。

22　1kgの重石をして蓋をして、冷暗所で保存する。3ヵ月ほどすると塩がなれて味がまろやかになる。赤紫蘇は梅紫蘇として、ごはんや漬け物に混ぜて利用する。

吹墨朝顔向付

塩漬けを終えた梅（→20頁11）は、紫蘇漬け、土用干しをせずに食べることができる。写真は梅紫蘇とともに盛りつけた。

らっきょう漬け

らっきょうは5月から7月にかけて出回ります。おもに鳥取県（鳥取砂丘）の砂地らっきょう、福井県（三里浜）の花らっきょうなどが特産品として出回っているようです。沖縄県の島らっきょうや鹿児島県産、徳島県産などは、比較的早い時期から入荷してきます。

らっきょうは、長ネギや玉ネギと同じように利用でき、生のままさっと霜ふりして、田舎味噌をつけて食べたり、天ぷらなどでもおいしくいただけます。中でもらっきょう漬けは、らっきょうのもっとも一般的な食べ方です。ここでは塩漬け、甘酢漬け、醤油漬けの3種を紹介します。いずれも日持ちをよくするために下漬けをすることが欠かせません。

そのまま食べていただくほか、下漬けらっきょうを糠漬けにしたり山葵漬けで和えてもいいでしょう。

なお、らっきょうを漬けた容器は長い間漬けておくとにおいが落ちませんので専用の容器にしましょう。

らっきょうの下漬け

材料

らっきょう　5kg（4835g）

水　4リットル

塩　500g

*下漬けは塩漬け、甘酢漬け、醤油漬けに共通。

1 らっきょうは根と茎を切り落として流水で洗い、薄皮をきれいにむく。

2 塩漬けする。塩を水によく溶かし、らっきょうを漬けて冷暗所に2週間ほどおく。この間2～3日に1回くらい、上下を入れかえるように混ぜる。

3 1週間ほどたって、小さな泡がたくさん出てくると、発酵してらっきょうの旨みが増してくる。

4 3のらっきょうをたっぷりの水につける。1日に3～4回、水を取りかえる。2～3日これをくり返して、らっきょうにほんのり塩味が残るように塩抜きする。

5 ザルに入れて、たっぷりの熱湯に20秒間つける。これによって殺菌効果、色つき防止、歯ざわりをよくする、水きりをよくする効果があり、日持ちもよくなる。

6 平ザルに広げて、冷風で冷まし、2時間ほど干して充分に水気をとばす。

らっきょう塩漬け

吹墨吉字角小向

材料
下漬けらっきょう　生らっきょう1kg分
水　720cc
旨塩　20g
爪昆布　10g
タカノツメ　3本

1 水に旨塩を入れて火にかける。沸騰させて旨塩を溶かし、種を取り除いたタカノツメ、爪昆布を入れて自然に冷ます。冷めたら爪昆布は取り除く。

2 熱湯消毒した容器に下漬けらっきょうを入れ、旨塩水をらっきょうが充分つかる程度入れて、冷蔵庫で保管する。

1週間ほど漬けると食べられる。

らっきょう甘酢漬け

白磁両なぶり深皿

材料
下漬けらっきょう　生らっきょう1kg分
甘酢※　720cc

1 熱湯消毒した容器に下漬けらっきょうを入れ、らっきょうが充分つかるくらいの甘酢を注ぐ。

2 冷蔵庫で保管する。1週間ほどで食べ頃となる。

［甘酢］
酢　540cc
砂糖　200g
酒　180cc
爪昆布　20g
タカノツメ　4本

①酒を火にかけ、沸騰したら弱火にする。鍋の上に火をかざして酒に火をつけ、アルコール分をとばす。
②アルコールが抜けたら酢、砂糖を加える。
③砂糖が溶けたらアクをすくい取り、火を止めて、爪昆布、種を取り除いたタカノツメを入れて、自然に冷ましておく。冷めたら爪昆布は取り除く。

らっきょう醤油漬け

自然釉片口皿

材料

下漬けらっきょう　生らっきょう1kg分
醤油たれ※　720cc

1　熱湯消毒した容器に、下漬けらっきょうを入れ、醤油たれをらっきょうが充分つかるように注ぐ。

2　冷蔵庫で1週間ほど漬ける。

［醤油たれ］
酒　360cc
味醂　120cc
濃口醤油　360cc
爪昆布　10g
タカノツメ　3本

①酒、味醂を合わせて沸騰させる。弱火にして火をつけてアルコール分をとばす。
②アルコール分が抜けたら濃口醤油を加える。
③沸騰直前に火を止めてアクをひき、爪昆布、種を取り除いたタカノツメを入れて自然に冷ます。冷めたら爪昆布は取り除く。

第二章

炊き込みごはん 混ぜごはん

筍ごはん筍皮蒸し

四月

筍の皮に盛りつけて季節感をもたせたごはんです。筍を混ぜたすし飯を筍皮で包んで蒸してもいいでしょう。

焼締め七寸丸皿　笹

材料（4人分）

筍（アク抜き*）　120g

塩　適量

米　2合

合せだし　以下を360cc

　だし　18

　酒　0.1

　味醂　0.1

　淡口醤油　1

白すり胡麻　適量

錦糸玉子（→36頁）　30g

木の芽　12枚

筍皮　4枚

1　アク抜きした筍の皮をむき、食べやすい大きさに切る。薄塩をふって30分間おいて下味をつける。皮は器として使うので、アク抜きする前にとっておく。

2　米を洗米し、吸水させて、合せだし、筍を仕込んで炊く。

3　蒸し上がったらざっくりと混ぜ合わせて、おひつに移し、布巾をかけておく。

4　筍ごはんを筍の皮に盛る。白すり胡麻をふり、錦糸玉子、木の芽を散らす。

*筍のアク抜き

①穂先を斜めに切り落とし、縦に切り目を入れて火の通りをよくする。

②米ヌカとタカノツメを入れた水に①を入れて強火でゆでる。

③串がすっと通ったら、鍋のまま冷ます。

土筆ごはん　三月

早春に顔を出すつくし。つくしは灰汁《あく》でアクを抜きます。灰汁は灰に熱湯を加えて沈殿させた上澄みのことです。

材料（4人分）
つくし　60g
灰汁*　水の分量の5%
米　2合
昆布だし　360cc
酒　18cc
白胡麻塩（↓10頁）　適量

*木灰1に沸かした熱湯3を混ぜて、7〜8時間放置したあと、上澄みをそっと布漉しした液体。ペットボトルなどに入れておく。

1　つくしは、ハカマを取り除いて、3cm長さに切る。灰汁を入れた水を熱し、沸いたらつくしを入れて、さっとゆでて、アク抜きをする。灰汁がないときは、重曹でもアク抜きできる。
2　米は洗米し、吸水させて、昆布だし、酒、つくしを仕込んで炊く。
3　蒸し上がったらざっくりと混ぜ合わせて茶碗に盛り、白胡麻塩をふる。

天目斜紋渕銀茶碗

しどけごはん　四月

しどけは炊き込むと色はくすんでしまいますが、香りのあるおいしいごはんです。

材料（4人分）
しどけ　120g
塩　適量
米　2合
合せだし　以下を360cc
　昆布だし　360cc
　酒　36cc
　味醂　18cc
　旨塩　2g
　淡口醤油　少量
白すり胡麻　適量

1　しどけは塩一つまみ加えた熱湯でさっとゆでる。水分をしぼって2cm長さに切り、薄塩をして30分間ほどおく。
2　米を洗米し、吸水させて、合せだし、しどけを仕込んで炊く。
3　蒸し上がったらざっくりと混ぜ合わせて器に盛り、白すり胡麻を天に盛る。

乾山写し蓋向

山菜ごはん　柏の葉包み

五月

五月の節句には、よもぎを竹皮で結んだ菖蒲を添えて供します。
もち米を使って炊いたり、
蒸しておこわにしてもいいでしょう。

根来八寸前菜盛　菖蒲　よもぎ

材料　（4人分）

山菜各種（アク抜き*）　120g
山菜煮汁※　適量
米　2合
合せだし　以下を360cc
　だし　18
　淡口醤油　1
　酒　0.1
　味醂　0.1
油揚げ　1枚
柏の葉　8枚

［山菜煮汁］
だし12、味醂0.5、淡口醤油1
①材料を指定の割で合わせる。

1　油揚げはみじん切りにしておく。山菜はそれぞれアク抜きをして適宜切っておく。

2　山菜煮汁を火にかけ、下ごしらえした山菜を入れて、さっと沸かす。鍋ごと冷水につけて手早く冷まし、山菜の色がとばないようにする。

3　米は洗米し、吸水させて、合せだし、山菜、油揚げを仕込んで炊く。

4　蒸し上がったらざっくりと混ぜ合わせて、俵形にむすび、柏の葉で包んで青竹串でとめる。

*山菜のアク抜き
・わらび（→30頁）
・野蕗／茎を塩もみして、塩を一つまみ加えたたっぷりの熱湯でゆでて冷水にとり、両端から皮をむく。
・こしあぶら、しどけ／たっぷりの熱湯でさっとゆでて冷水にとる。
・五三竹／米ヌカ（または米の研ぎ汁）とタカノツメを加えたたっぷりの水で30分間ほどゆでて皮をむく。

新玉ねぎごはん　四月

新玉ねぎの甘みがあるので、味つけせずにごはんを炊いて、白胡麻塩をふってもいいでしょう。

材料（4人分）
新玉ねぎ　120g
塩　適量
米　2合
合せだし　以下を360cc
だし　18
酒　0.1
味醂　0.1
淡口醤油　1
軸三つ葉　適量

1 新玉ねぎは2cmの角切りにして、薄塩をあてておく。
2 米は洗米し、吸水させて、合せだし、新玉ねぎを仕込んで炊く。
3 蒸し上がったら、新玉ねぎをざっくりと混ぜ合わせて、器に盛る。ゆがいた軸三つ葉を散らす。

岩華造染付桶房向付

新生姜ごはん　朴の葉包み　五月

初夏には鮮やかな緑の朴の葉を使います。生姜の香味がさわやかでさっぱりしたごはんです。

材料（4人分）
新生姜　70g
米　2合
昆布だし　360cc
旨塩　4g
三つ葉　適量
朴の葉、いぐさ

1 新生姜の表面をこすって皮をこそげ取り、5mm角のみじん切りにして、さっと水洗いする。水気をきって、薄塩（分量外）をふる。
2 米は洗米し、吸水させて、昆布だし、旨塩、新生姜を仕込んで炊く。
3 蒸し上がったら、ざっくりと混ぜ合わせる。
4 朴の葉に取り分け、ゆでた三つ葉を刻んで散らして包み、いぐさで結ぶ。

茜朱尺盆

わらびごはん

四月

コクのあるごはんが好きな方は、
油揚げや鶏肉を一緒に炊き込んでください。

青白釉濃小丼

材料　（4人分）

わらび（アク抜き*）　１２０g
わらび煮汁※　適量
米　2合
合せだし　以下を３６０cc
　だし　18
　淡口醤油　1
　酒　0.1
　味醂　0.1
白すり胡麻　適量
木の芽　適量

1　わらび煮汁にアク抜きしたわらびを入れて、さっと沸かし、わらびの色がとばないように、鍋ごと冷水につけて手早く冷ます。
2　1のわらびを3㎝の長さに切る。
3　米は洗米し、吸水させて、合せだし、わらびを仕込んで炊く。
4　蒸し上がったらざっくりと混ぜ合わせて器に盛り、白すり胡麻を天に盛り、木の芽を散らす。

［わらび煮汁］
だし16、味醂0.5、淡口醤油1
①材料をすべて指定の割で合わせる。

*わらびのアク抜き
わらびに灰をまぶし、落し蓋（新聞紙でもよい）をして、たっぷりの熱湯を注ぎ、5〜6時間おく。火が通ると同時にアクも抜ける。よく水洗いして、かたい根元を切り落として使用する。

新茶ごはん　五月

立春から数えて八十八日目にあたるころに茶摘がはじまります。（実際には茶産地の温度差によってずれがあるようですが）この時期ならではの、香りのよい新茶を使ったごはんです。

材料（4人分）

新茶茶葉　10g
米　2合
酒　36cc
水　360cc
昆布　10g
旨塩　適量

1 米は洗米し、吸水させて、酒、水、昆布を仕込んで炊く。
2 炊き上がったら、茶葉をふりかけて10分間蒸らして香りをたてる。
3 ざっくりと混ぜ合わせて茶碗に盛り、旨塩を好みの量だけふる。

青磁茶碗　焼締小付

野蕗ごはん　五月

ここでは蒸らしで野蕗を加えましたが、最初から炊き込むと、色はくすむものの、ごはんによい香りがつきます。

材料（4人分）

野蕗　120g
油揚げ　1枚
米　2合
昆布だし　360cc
旨塩　4g

1 野蕗は茎を塩もみして、塩一つまみ（分量外）を加えたたっぷりの熱湯でゆでて冷水にとる。両端から皮をむいて、3cmほどの長さに笹打ち（薄い斜め切り）し、薄塩（分量外）をふる。
2 油揚げはみじん切りにしておく。
3 米は洗米し、吸水させて、昆布だし、旨塩、油揚げを仕込んで炊く。
4 炊けたら、野蕗をごはんの上にのせて、10分間蒸らす。蒸し上がったらざっくり混ぜ合わせて、俵形ににぎる。野蕗の葉の上に盛って供する。

あけび籠　野蕗の葉

つわ蕗ごはん　五月

つわ蕗は、野蕗よりも香りが強く、野趣があります。

材料（4人分）
- つわ蕗　120g
- 塩　適量
- 油揚げ　1枚
- 米　2合

合せだし　以下を360cc
- だし　18
- 淡口醤油　1
- 酒　0.1
- 味醂　0.1

木の芽　適量

1　つわ蕗の茎を塩もみして、塩一つまみを加えたたっぷりの熱湯でゆでる。冷水にとり、両端から皮をむいて、3cmほどの長さに切って薄塩をふる。
2　油揚げはみじん切りにしておく。
3　米は洗米し、吸水させて、合せだし、つわ蕗、油揚げを仕込んで炊く。
4　蒸し上がったら、ざっくりと混ぜ合わせて、つわ蕗を敷いた籠に盛り、木の芽を散らす。

白竹籠　つわ蕗の葉

茗荷ごはん　五月

花茗荷は香りとしゃきしゃきした歯応えを生かすため、蒸らすだけにとどめます。さっぱりしたごはんです。

材料（4人分）
- 花茗荷　120g
- 米　2合
- 昆布だし　360cc
- 旨塩　4g

1　花茗荷は小口から薄切りにして、さっと水洗いし、ザルに上げて水気をきっておく。
2　米は洗米し、吸水させて、昆布だし、旨塩を仕込んで炊く。
3　花茗荷に薄塩（分量外）をふって、炊けたごはんの上に散らし、10分間蒸らして香りをたてる。
4　蒸し上がったら、ざっくりと混ぜて盛りつける。

朱彩碗

山独活ごはん

五月

葉と茎は炒めて炊き込み、蒸らしでやわらかい軸を生のまま加えて歯応えを残します。色白の東京うどとは一味違う香りの強い山うどの、部分ごとのよさを引き出してみました。

トルコ釉茶碗

材料（4人分）
山うどの芽と茎　60g
山うどの軸　60g
油揚げ　1枚
サラダ油、酒、淡口醤油　各適量
米　2合
合せだし　以下を360cc
　だし　18
　淡口醤油　1
　酒　0.1
　味醂　0.1
木の芽　適量

1　山うどの皮がやわらかい芽と茎の部分は、皮をむかずに3cmの長さの笹打ちにする。油揚げはみじん切りにする。
2　1の山うどと油揚げをサラダ油で炒め、酒、淡口醤油で薄味をつける。
3　山うどの軸の部分は皮をむいてそぎ切りにして、さっと水洗いし、薄塩をあてておく。
4　米は洗米し、吸水させて、合せだし、2を仕込んで炊く。
5　炊けたら、そぎ切りした3の山うどを加えて、10分間蒸らす。ざっくりと混ぜ合わせて器に盛り、木の芽を散らす。

蚕豆ごはん　五月

緑色がさわやかな、初夏らしいごはんです。

材料（4人分）
そら豆（むき）　120g
米　2合
昆布だし　360cc
旨塩　4g
木の芽　適量

1 そら豆はサヤから取り出して、薄皮をむいておく。
2 米は洗米し、吸水させて、昆布だし、旨塩、そら豆を仕込んで炊く。
3 蒸し上がったら、ざっくりと混ぜ合わせて器に盛り、木の芽を散らす。

瑠璃あやめ茶碗

浜防風人参ジュースごはん　五月

市販のにんじんジュースで炊き込んだ、うっすらとピンク色のごはんです。お好みのジュースを使ってみてください。浜防風の緑がよく映えます。

材料（4人分）
浜防風　100g
塩　適量
米　2合
昆布だし　240cc
にんじんジュース（市販）　120cc
白胡麻塩（→10頁）　適量

1 浜防風は水洗いして2cmほどの長さに切って、薄塩をあてておく。
2 米は洗米し、吸水させて、昆布だし、にんじんジュースを仕込んで炊く。
3 炊けたら、浜防風を散らして10分間蒸らす。
4 蒸し上がったら、ざっくりと混ぜ合わせて器に盛り、白胡麻塩をふる。

白釉茶碗

揚げ慈姑炊き込みごはん　三月

くわいは揚げてから炊き込むことで、ほろ苦さが薄れて香りと甘みのある、ほっこりしたごはんに仕上ります。

材料（4人分）

くわい　2個×4
サラダ油　適量
米　2合
昆布だし　360cc
酒　18cc
ちりめんじゃこ　60g
三つ葉　適量
白胡麻塩（→10頁）　適量

1　くわいは芽を2cmほどつけて皮をむく。4等分に切って水洗いし、水気をふき取る。
2　170℃のサラダ油でからっと揚げる。
3　米は洗米し、吸水させて、昆布だし、酒、2のくわいを仕込んで炊く。
4　炊き上がったら、よく乾燥したちりめんじゃこ、ざく切りにした三つ葉をのせて、10分間蒸らす。
5　ざっくりと混ぜ合わせて盛り、白胡麻塩を添える。

黒釉飯釜

しらすとよもぎごはん　四月

よもぎの新芽の時期がすぎたら、かわりに三つ葉やゆでた蕗などを使ってみてください。

材料（4人分）

しらす干　80g
よもぎ　40g
米　2合
昆布だし　360cc

1　よもぎは若芽を摘み、熱湯でさっとゆでて、細かく切っておく。
2　米は洗米し、吸水させて、昆布だし、しらす干を仕込んで炊く。
3　炊けたら、よもぎを加えて10分間蒸らす。
4　蒸し上がったら、ざっくりと混ぜ合わせて器に盛る。

染付点唐草茶碗

桜鯛ごはん

三月

鯛の桜色と錦糸玉子の黄色が華やかなごはんです。
食べるときに鯛の身をほぐして混ぜ込んでください。小骨に注意しましょう。

黒ソバ福鍋

材料（4人分）
小鯛（1尾300g）　1尾
錦糸玉子※　100g
米　2合
昆布だし　360cc
酒　36cc
旨塩　4g
軸三つ葉　2束分
木の芽　20枚

1　小鯛はうろこを取って腹ワタを抜き、薄塩（分量外）をあてて1時間おく。
2　小鯛を霜ふりして冷水にとり、残ったうろこをきれいに取り除く。
3　米は洗米し、吸水させて、昆布だし、酒、旨塩、小鯛を仕込んで炊く。
4　炊き上がったら錦糸玉子を小鯛のまわりに散らして、10分間蒸らす。
5　色よくゆでた軸三つ葉と木の芽を散らす。

［錦糸玉子］
卵2個、砂糖適量、塩適量、サラダ油少量
①卵を溶きほぐす。サラダ油を薄くひいた玉子焼き器に少量を流す。
②ふつふつしてきたら裏返してさっと焼き、錦紙（薄焼き）を焼く。
③せん切りにする。

白魚と菜花ごはん　三月

白魚は揚げると、本来の白さは損なわれますが、水分が抜けて、旨みが凝縮されます。揚げたこうばしさもいいものです。

材料（4人分）
白魚　200g
菜の花　1束
塩、薄力粉、サラダ油　各適量
米　2合
昆布だし　360cc
酒　18cc
旨塩　4g
木の芽　20枚

1 白魚は水洗いして、海水程度の濃度（3％）の塩水に20分間つけて、水気をふき取る。
2 白魚に薄力粉を薄くまぶし、170℃のサラダ油でからっと揚げる。
3 菜の花は塩を一つまみ入れた熱湯でゆでて、冷水にとる。水気をきって、3cmに切り、薄塩をあてておく。
4 米は洗米し、吸水させて、昆布だし、酒、旨塩、白魚を仕込んで炊く。
5 炊き上がったら、食べやすく切った菜の花を散らして、10分間蒸らす。
6 ざっくり混ぜて器に盛り、木の芽を添える。

錦銀霜平鉢

さくさく小海老ごはん　三月

さくさくに煎ってある小海老を使いました。ここではさっくり混ぜ合わせましたが、ふりかけるだけでもおいしいです。

材料（4人分）
煎り小海老　60g
米　2合
昆布だし　360cc
酒　18cc
旨塩　4g
白すり胡麻　適量
もみ海苔　適量

1 米は洗米し、吸水させて、昆布だし、酒、旨塩を仕込んで炊く。
2 蒸し上がったら、煎り小海老を入れて、ざっくりと混ぜ合わせる。
3 器に盛って、白すり胡麻ともみ海苔を添えて供する。

円子彩茶碗

あみ海老ごはん　三月

真っ白なごはんにピンクのあみ海老が映え、春らしいごはんです。
あみ海老は、アスタキサンチンという赤い色素やカルシウムの補給によいそうです。

材料（4人分）
あみ海老　100g
米　2合
昆布だし　360cc
酒　18cc
旨塩　4g
白すり胡麻　適量
もみ海苔　適量

1 米は洗米し、吸水させて、昆布だし、酒、旨塩を仕込んで炊く。
2 蒸し上がったらあみ海老を入れて、ざっくりと混ぜ合わせる。
3 茶碗に盛って、別にすり胡麻ともみ海苔を添える。

青白磁段付飯碗

桜海老ともずくごはん　三月

三月の終わりから桜海老が水揚げされます。
その名のとおり、桜色の美しい海老です。
同じ海のもののもずくを合わせてみました。
芽かぶとろろやモロヘイヤを使ってもいいでしょう。

材料（4人分）
桜海老　40g
塩もずく　200g
米　2合
昆布だし　360cc
酒　18cc
旨塩　2g
濃口醤油　適量
山葵　適量

1 塩もずくは水洗いし、ほんのり塩分を残して水気をきる。
2 70℃の湯で霜ふりして、色出しし、冷水にとる。水気をきって、3cmに切る。
3 米は洗米し、吸水させて、昆布だし、酒、旨塩、桜海老を仕込んで炊く。
4 炊き上がったらもずくをのせて、10分間蒸らす。
5 ざっくりと混ぜ合わせて器に盛り、濃口醤油をたらして、おろし山葵を添える。

黒釉飯釜　染付八角小皿　吹墨小皿

新若布と帆立貝ごはん　三月

若布は炊き込み、帆立貝は濃いめの味に煮て、あとで混ぜ込むと、ごはんの味と帆立貝の味の違いにめりはりがついておいしいのです。

材料（4人分）

新若布　120g
帆立貝旨煮※　6個
米　2合
合せだし　以下を360cc
　帆立貝旨煮の煮汁　1
　昆布だし　1
山葵　適量

1　新若布は熱湯にくぐらせて色出しし、2cmの長さのざく切りにする。
2　米は洗米し、吸水させて、合せだし、新若布を仕込んで炊く。
3　炊き上がったら食べやすく切った帆立貝旨煮をのせ、10分間蒸らす。
4　ざっくりと混ぜ合わせて器に盛り、別におろし山葵を添える。

［帆立貝旨煮］

帆立貝6個、合せだし（昆布だし7、酒2、濃口醤油1、味醂0.2）適量

①帆立貝は殻をはずして水洗いする。熱湯で霜ふりして冷水にとり、水気をきる。
②合せだしでさっと煮て、そのまま冷まして味を含ませる。

飴釉飯釜

いたや貝炊き込みごはん　三月

いたや貝は帆立貝に似た二枚貝。ここでは生を使いましたが、おもにボイルしたものが出回っていますので、これを使ってください。

材料（4人分）

いたや貝むき身　120g
米　2合
合せだし　以下を360cc
　昆布だし　18
　酒　0.5
　味醂　0.1
　淡口醤油　1
根三つ葉　1束

1　いたや貝は、海水程度の濃度（3％）の塩水で洗って水気をきる。
2　米は洗米し、吸水させて、合せだし、いたや貝を仕込んで炊く。
3　炊き上がったら、2cmに切った根三つ葉を散らして、10分間蒸らす。ざっくり混ぜる。

黒釉飯釜

はまぐり桜の葉ごはん　四月

お弁当に入れても春らしいごはんです。

材料（４人分）

はまぐりむき身（小粒）　１００g
桜花塩漬け　30g
米　２合
昆布だし　３４２cc
酒　18cc
桜葉塩漬け（L）　20枚

1　桜花塩漬けは、さっと水洗いして塩を流し、軽く水気をきって、ほどよい粗さに刻む。水に浸して、ほどよく塩抜きをする。

2　米は洗米し、吸水させて、昆布だし、酒、はまぐりむき身、桜花塩漬けを仕込んで炊く。はまぐりと桜花は塩分があるので、ほかの味つけはしなくてよい。

3　蒸し上がったら、ざっくりと混ぜ合わせる。俵形のおにぎりをつくり、塩抜きした桜葉で包む。

トルコぼかし角切り長皿

あさりごはん　四月

あさりのむき身は、砂をかんでいることがあるので、充分注意しましょう。水っぽくならないよう、あさりは海水程度の濃いめの塩水で洗ってください。

材料（４人分）

あさりむき身　１２０g
米　２合
昆布だし　３６０cc
木の芽　適量

1　あさりむき身は海水程度の濃度（３％）の塩水でさっと洗って水気をふいておく。

2　米は洗米し、吸水させて、昆布だし、あさりむき身を仕込んで炊く。

3　蒸し上がったら、ざっくりと混ぜ合わせて器に盛り、木の芽を散らす。

仁清写し龍田川蓋向

はまぐりごはん

五月

はまぐりの旨煮を炊きたてのごはんに混ぜました。
帆立貝やほっき貝でもつくってみてください。

茜朱飯椀

材料（4人分）
はまぐり旨煮※　適量
海苔　2枚
米　2合
水　３６０cc
木の芽　適量

1 炊きたてのごはんを飯台に移し、左記のはまぐり煮汁を適量ふりかけて切り混ぜ、味つけをする。

2 海苔をあぶってちぎり、ごはんに混ぜる。はまぐり旨煮をざっくり混ぜ込み、器に盛りつけて、木の芽を散らす。

［はまぐり旨煮］

地はまぐりむき身２００g、はまぐり煮汁（酒2、水1、味醂1、砂糖0.2、濃口醤油1）適量、地芽*10g

*山椒の木の芽が成長した葉のこと。

①はまぐり煮汁の材料を合わせ、適量を火にかける。煮汁が沸騰したら地はまぐりのむき身を入れる。

②地芽を加え、弱火で2分間ほど煮る。煮すぎると、はまぐりがかたくなるので、かたくなる前に引き上げる。残った煮汁はごはんに混ぜるのでとっておく。

豆ごはん　六月

むいてあるえんどう豆は、
表面に風があたって表皮がかたくなっているので、
必ずサヤつきを求めてください。

材料（4人分）
- えんどう豆（むき）　120g
- 米　2合
- 昆布だし　360cc
- 酒　36cc
- 旨塩　4g

1 えんどう豆はサヤから取り出し、分量をはかっておく。
2 米は洗米し、吸水させて、昆布だし、酒、旨塩、えんどう豆を仕込んで炊く。
3 蒸し上がったら、ざっくりと混ぜて茶碗に盛る。

窯変流し乳青磁茶碗

グリーンアスパラガスごはん　六月

グリーンアスパラガスの青々とした香りを楽しんでください。コクを出したいときは、若鶏や貝類を加えるといいでしょう。

材料（4人分）
グリーンアスパラガス　120g
米　2合
昆布だし　360cc
酒　36cc
旨塩　4g

1 グリーンアスパラガスは、根元のかたい皮をピーラーでむいて、乱切りにしておく。
2 米は洗米し、吸水させて、昆布だし、酒、旨塩、グリーンアスパラガスを仕込んで炊く。
3 蒸し上がったら、ざっくりと混ぜて茶碗に盛る。

呉須福文字茶碗

新牛蒡ごはん　六月

ごぼうだけではものたりないときには、若鶏やつけ焼きの鰻、はも、穴子などを小さく切って炊き込んでください。

材料（4人分）
新ごぼう　120g
米　2合
合せだし　以下を360cc
だし　18
淡口醤油　1
酒　0.1
味醂　0.1
軸三つ葉　適量

1 新ごぼうは水洗いし、小口切りにしてさっとアクを洗い流す。
2 米は洗米し、吸水させて、合せだし、新ごぼうを仕込んで炊く。
3 ざく切りにした軸三つ葉を入れて蒸らす。蒸し上がったら、ざっくりと混ぜて茶碗に盛る。

染付花鳥紋茶碗

新丸十ごはん　六月

新さつまいもは皮もやわらかく、色もきれいなので、皮ごと使用します。秋のさつまいもは、ほっこりとしたおいしさがありますが、皮がかたくなるので、むいたほうがいいでしょう。

材料（4人分）
新さつまいも　120g
米　2合
昆布だし　360cc
酒　36cc
黒胡麻塩（→10頁）　適量

1 新さつまいもは食べやすい大きさの乱切りにする。
2 米は洗米し、吸水させて、昆布だし、酒、新さつまいもを仕込んで炊く。
3 蒸し上がったら、ざっくりと混ぜて茶碗に盛る。黒胡麻塩をふって供する。

墨吹き茶碗

石川いもごはん　七月

合せだしのかわりに昆布だしで炊き込み、胡麻塩をふりかけてもおいしくいただけます。

材料（4人分）
石川いも　240g
米　2合
合せだし　以下を360cc
　だし　18
　淡口醤油　1
　酒　0.1
　味醂　0.1
軸三つ葉　適量

1 石川いもの皮を布巾でこすって取り除く。食べやすい大きさにそろえて切る。水洗いして、ぬめりを除いて水気をふき取る。
2 米は洗米し、吸水させて、合せだし、石川いもを仕込んで炊く。
3 軸三つ葉をざく切りにして散らし、10分間蒸らす。
4 蒸し上がったら、ざっくりと混ぜ合わせて盛る。

十草茶碗

玉蜀黍ごはん　七月

有塩のバターを使うときは、塩を控えめに心がけてください。

材料　（4人分）
- とうもろこし（粒）　120g
- 米　2合
- 昆布だし　360cc
- 酒　36cc
- 旨塩　4g
- 無塩バター　20g
- 軸三つ葉　適量

1 とうもろこしの粒をはずしてはかっておく。
2 米は洗米し、吸水させて、昆布だし、酒、旨塩、とうもろこしを仕込んで炊く。
3 炊けたら、無塩バターとざく切りの軸三つ葉を散らし、10分間蒸らす。
4 蒸し上がったら、ざっくりと混ぜ合わせて盛る。

染付十草茶碗

紫蘇ごはん　七月

蒸し暑い日には、梅の酸味と大葉の香りで食欲が増します。

材料　（4人分）
- 梅紫蘇（→21頁22）　40g
- 大葉　20枚
- 米　2合
- 水　360cc

1 梅紫蘇を包丁で刃叩きする。大葉はせん切りにする。
2 炊きたてのごはんに梅紫蘇と大葉をざっくり混ぜて、茶碗に盛る。

染付一筆茶碗

とまとごはん釜焼き

七月

トマトも丸ごと食べていただく、ボリュームのあるごはんです。

李朝白磁八角皿

材料（4人分）
トマト（特大）　1個×4
塩　適量
ごはん　50g×4
ベーコン　80g
玉ねぎ　80g
卵　1個
サラダ油、バター　各適量
塩、コショウ、濃口醤油　各適量
万能ねぎ　40g
とろけるチーズ　80g
パセリ　適量

1　トマトは上下を3対7に切り分ける。下側をくり抜いて釜をつくる。蓋にする上側と釜には薄塩をしておく。くり抜いた果肉はとっておく。

2　焼き飯をつくる。万能ねぎは小口切りにする。具のベーコンと玉ねぎはみじん切りにする。

3　フライパンを熱し、サラダ油、バターをひいて、強火でベーコン、玉ねぎを炒める。

4　火が通ったら、炊きたてのごはんを入れ、溶きほぐした卵を加えて炒める。トマトの果肉を入れてさっと炒め、塩、コショウで味をつける。

5　最後に濃口醤油少量を鍋肌からたらしてこがし、香りをつける。万能ねぎを混ぜて仕上げる。

6　1の釜に焼き飯ととろけるチーズを交互に詰め、さらに上にとろけるチーズをちぎってのせる。

7　２００℃に熱したオーブンで10分間焼く。取り出して上からみじん切りのパセリをふる。

丸茄子釜焼きごはん

六月

茄子のかわりにトマト、かぼちゃ、大きなじゃがいもなども釜焼きに利用できます。

呉須市松角皿

材料（4人分）

丸茄子　1個×4
ごはん　60g×4
ベーコン　１００g
玉ねぎ　１００g
卵　1個
サラダ油、バター　各適量
塩、白コショウ、濃口醤油　各適量
万能ねぎ　40g
とろけるチーズ　6枚

1 丸茄子は、上下を3対7に切り分ける。下側をくり抜いて釜をつくる。蓋になる上側と釜を、１７０℃に熱したサラダ油で、しんなりするくらい揚げておく。

2 くり抜いた茄子の実は食べやすい大きさに切る。

3 焼き飯をつくる。ベーコンと玉ねぎはそれぞれ別にみじんに切る。

4 フライパンを熱し、サラダ油、バターをひいて、強火でベーコン、玉ねぎ、茄子を炒める。ごはんを入れ、溶きほぐした卵を加えて炒める。塩、白コショウで味を調え、鍋肌から濃口醤油を少量たらして香りをつける。小口切りの万能ねぎを混ぜて仕上げる。

5 茄子釜に焼き飯を詰め、とろけるチーズをちぎってのせ、２００℃に熱したオーブンで10分間ほど焼く。

蛸と牛蒡ごはん 叩き長いも混ぜ込み　六月

たこのかわりに、生雲丹、鰻や穴子の白焼きなども、ごぼうと相性がいいでしょう。

材料（4人分）
たこ（ゆで）　100g
新ごぼう　80g
長いも（叩き）　300g
米　2合

合せだし　以下を360cc
だし　18
淡口醤油　1
酒、味醂　各0.1
山葵醤油　適量

1 たこは2～3㎜厚さの輪切りにする。長いもは皮をむいて水洗いし、水分をふき取って、出刃包丁のミネで、大きくざっくりと叩いておく。
2 新ごぼうは小口から薄く切る。ざっとアクを洗い、水気をきる。
3 米は洗米し、吸水させて、合せだし、新ごぼうを仕込んで炊く。
4 炊き上がったら、たこと叩き長いもを入れて10分間蒸らす。
5 ざっくりと混ぜて茶碗に盛る。食べるときに山葵醤油（すりおろした山葵を混ぜた濃口醤油）を数滴たらす。

窯変流し乳白茶碗

蛸飯にオクラとろろ　六月

オクラのかわりに、霜ふりした芽かぶを冷水にとり、刃叩きして加えてもおいしいです。

材料（4人分）
たこ（ゆで）　120g
オクラ（小口切り）　200g
米　2合
昆布だし　360cc
酒　36cc
旨塩　3g
山葵醤油　適量

1 たこは2～3㎜厚さの輪切りにする。
2 オクラはヘタを削り取って隠し包丁を入れ、塩ずりして表面の産毛を取る。塩を一つまみ（分量外）加えた熱湯で色よくゆでて冷水にとる。水気をきって、小口から薄切りにする。
3 米は洗米し、吸水させて、昆布だし、酒、旨塩を仕込んで炊く。
4 炊き上がったら、たことオクラをのせて10分間蒸らす。
5 ざっくりと混ぜ合わせて茶碗に盛る。食べるときに山葵醤油（すりおろした山葵を混ぜた濃口醤油）を数滴たらす。

赤巻金彩小紋茶碗　染付八角小皿

鮑ごはん釜炊き　八月

あわびのかわりにしったか貝や干帆立貝でも美味です。しったか貝は一度塩ゆでして、身を取り出してごはんに混ぜ込んで蒸らしてください。干帆立貝ならば、薄い塩水につけてやわらかくもどし、もどし汁とともに炊き込んでください。

飴釉土釜

材料（4人分）

あわび　1個（200g）
米　2合
合せだし　以下を360cc
　昆布だし　20
　酒　1
　淡口醤油　1
塩　少量

三つ葉　適量
切り海苔　適量

1　あわびは塩をふって、タワシでみがいて水洗いする。殻と身の間におろし金の柄を一気に差し込んで、身をはずす。身からワタをはずして、きれいにふき、薄く切っておく。

2　ワタは砂袋に切り目を入れて塩もみし、水洗いする。ワタを裏漉しして、合せだしでのばしておく。

3　身とワタの間のひらひらした部分は、酒煎りして刻んでおく。

4　米は洗米し、吸水させて、釜に入れ、2の合せだしを仕込んで炊く。炊き上がったら、1と3のあわび、3cmに切った三つ葉を加えて5分間蒸らし、鍋底からざっくりと混ぜて、さらに5分間蒸らして炊き上げる。

5　切り海苔を別に添える。

鱧ごはん

八月

夏のご馳走、はもを炊き込んだごはんです。
手に入らなければ鰻や穴子でもいいでしょう。

べっ甲釉渕金鉢

材料（4人分）
はも　240g
焼きだれ※　適量
米　2合
合せだし　以下を360cc
　水　10
　はもスープ※　8
　淡口醤油　1
　酒　0.5
　味醂　0.1

軸三つ葉　適量
粉山椒　適量

1　はもは水洗いし、腹開きにして、中骨、ヒレを取り除いて骨切りする。
2　串を打って、焼きだれをハケで塗りながら焼き、一口大に切り分ける。
3　米は洗米し、吸水させて釜に入れ、合せだし、焼きはもを仕込んで炊く。
4　炊き上がったら、3cmに切った軸三つ葉を散らして蒸らす。

［焼きだれ］
はもの頭と中骨2尾分、酒2、味醂6、濃口醤油3
①酒と味醂を火にかけて煮切る。
②はもの頭と骨をこうばしく焼く。①に加えて弱火にかけ、30分間ほど煮る。
③アクをひいて濃口醤油を加え、2割ほど煮詰めて自然に冷ます。
④冷めたら漉して用いる。

［はもスープ］
はもの頭と中骨2尾分、水900cc、酒90cc、昆布15g
①頭と中骨はこんがりと焼く。頭と中骨に水と1割の酒を加えて昆布をつける。
②火にかけて昆布に爪が通るようになったら取り除き、30分間ほど煮出す。これを漉してスープをとる。

焼き穴子と夏野菜のカレー風味ごはん　七月

夏に旬を迎える穴子と夏野菜に、カレー粉の風味をきかせた、幅広い年齢層に好評のごはんです。

材料（4人分）
焼き穴子（1本150g）　2本
とうもろこし（粒）　120g
パプリカ（赤、黄）　各30g
ズッキーニ　1／4本
米　2合

合せだし　以下を360cc
だし　16
淡口醤油　1
酒　0.1
味醂　0.1
カレー粉　6g

1　穴子は裂いて網で焼き、1cm幅に切っておく。
2　生のとうもろこしの粒をはずしてはかっておく。パプリカは乱切りにする。ズッキーニは薄い半月切りにする。
3　米は洗米し、吸水させて、合せだし、焼き穴子、とうもろこし、パプリカ、カレー粉を仕込んで炊く。
4　炊けたら、ズッキーニを散らして、10分間蒸らす。蒸し上がったら、ざっくりと混ぜ合わせて茶碗に盛る。

玄釉抹茶椀

鮎ごはん釜炊き　八月

あゆをこうばしく焼くことがコツです。同じ川魚の山女魚や岩魚でもおいしくできます。

材料（2人分）
あゆ　1尾
塩　適量
米　1合
合せだし　以下を180cc
昆布だし　20
酒　1
淡口醤油　1
塩　少量
蓼の葉　適量

1　あゆは腹開きして水洗いする。串を打って、薄塩をして、強火で両面を塩焼きにする。焼くことでこうばしさが加わる。
2　米は洗米し、吸水させて釜に入れ、合せだし、焼きあゆを仕込んで炊く。
3　充分蒸らしたら、あゆの中骨、ヒレを取り除き、蓼の葉を散らして、釜底からざっくりと混ぜ合わせる。

赤釉土釜

鰻と茗荷混ぜごはん　七月

鰻蒲焼きが熱くない場合は、ごはんにのせて10分間蒸らしてから混ぜましょう。

材料（4人分）
鰻蒲焼き　1本
花茗荷　100g
米　2合
水　360cc
鰻たれ　適量

1　鰻蒲焼きを縦半分に切って、さらに1cm幅に切る。
2　花茗荷を薄い小口切りにして、さっと水洗いして水気をきっておく。
3　炊きたてのごはんに、蒲焼きと花茗荷をざっくりと混ぜ合わせて、茶碗に盛る。好みで鰻たれを少量かけて供する。

花唐草茶碗　織部片口

ちりめんじゃこと胡瓜もみと茗荷の混ぜごはん　七月

じゃこと塩もみは、すし飯に混ぜてもいいでしょう。ただしこの場合は、塩もみに白梅酢は加えません。錦糸玉子を添えると彩りがよくなります。

材料（4人分）
ちりめんじゃこ　60g
胡瓜と茗荷塩もみ※　120g
米　2合
昆布だし　360cc
旨塩　2g

1　米は洗米し、吸水させて、昆布だし、旨塩を仕込んで炊く。
2　炊きたてのごはんに、よく乾燥したちりめんじゃこと、胡瓜と茗荷の塩もみの水気をしぼって、ざっくりと混ぜる。

［胡瓜と茗荷塩もみ］
胡瓜200g、花茗荷40g、旨塩4g、生姜適量、白梅酢適量、白煎り胡麻適量
①胡瓜は、小口から2mmほどの厚さに切る。塩をふって30分間ほどおく。しんなりしたら軽くもんで、水分をしぼる。
②花茗荷は小口から薄切りにして、水にさらし、水気をきる。
③胡瓜に花茗荷を混ぜ、おろした生姜、白梅酢で味を調え、白煎り胡麻を混ぜる。

白磁茶碗

松茸ごはんと玉子焼き弁当

九月

小判型曲わっぱ

秋のご馳走松茸ごはん。松茸のかわりに旬のしめじ茸や舞茸などのきのこを栗やぎんなんとともに昆布だしで炊き込んで、胡麻塩をふってもいいでしょう。

材料 （4人分）
松茸 120g
油揚げ 20g
米 2合
合せだし 以下を360cc
　だし 18
　酒 0.1
　味醂 0.1
　淡口醤油 1
軸三つ葉 適量
玉子焼き※ 5切れ

1 松茸は石づきを削り取り、かたくしぼった布巾で土やほこりなどを取り除く。ほどよい大きさに切って、米の3割ほどを用意する。
2 油揚げは、あられ切りにする。
3 米は洗米し、吸水させて、合せだし、松茸、油揚げを仕込んで炊く。
4 わっぱに松茸ごはんを盛り、色よくゆでた軸三つ葉を散らし、適当に切った玉子焼きを盛る。

［玉子焼き］
玉地（卵L2個、だし36cc、砂糖6g、淡口醤油6cc）、サラダ油適量
①よく混ぜ合わせて玉地をつくる。
②玉子焼き器を熱して、薄くサラダ油をひき、玉地を何回かに分けて流し入れて巻きながら、玉子を焼く。

栗ごはん　九月

新米と新栗でつくった、秋を代表するごはんです。
栗の皮むきが手間ですが、けがをしないように気をつけてください。

材料（4人分）
むき栗　120g
米　2合
昆布だし　360cc
酒　18cc
黒胡麻塩（→10頁）　適量

1　栗は渋皮までむき、米の分量の3～4割ほど用意する。
2　食べやすい大きさに切って、さっと水洗いしてザルに上げて水気をきる。
3　米は洗米し、吸水させて、昆布だし、酒、栗を仕込んで炊く。
4　弁当箱に栗ごはんを盛り、黒胡麻塩をふる。

朱刷毛目小判弁当

柿ごはん　九月

種なし柿を使うと、作業がしやすく簡単にきれいに切れます。

材料（4人分）
柿　200g
軸三つ葉　適量
米　2合
昆布だし　360cc
酒　18cc
黒胡麻塩（→10頁）　適量

1　柿はかたいものを選ぶ。皮をむいてさいの目に切り、塩水（分量外）でさっと洗ってザルに上げる。
2　軸三つ葉は2cm長さに切っておく。
3　米は洗米し、吸水させて、昆布だし、酒を仕込んで炊く。炊き上がったら、柿と軸三つ葉をのせて、10分間蒸らす。
4　ざっくりと混ぜ合わせて盛り、黒胡麻塩をふる。

曙弥生大椀

菊花ごはん　九月

黄菊をごはんに炊き込んで、上からもって菊の花弁を散らすと彩りがよくなります。

材料（4人分）
黄菊（花弁）　100g
米　2合
昆布だし　360cc
酒　18cc
旨塩　4g
もって菊　少量

1　黄菊は花弁のみを100g用意する。酢少量（分量外）を加えた熱湯で、さっとゆでて冷水にとり、水分をきる。
2　米は洗米し、吸水させて、昆布だし、酒、旨塩、ほぐした黄菊を仕込んで炊く。
3　ざっくりと混ぜ合わせて盛り、もって菊の花弁を5〜6枚散らす。

黒龍紋筒向

畑湿地ごはん　十月

畑しめじは、傘の大きな背の高い茸です。ほかの茸でも試してみてください。

材料（4人分）
畑しめじ茸　120g
塩　適量
ベーコン　40g
米　2合

合せだし　以下を360cc
だし　18
酒　0.1
味醂　0.1
淡口醤油　1
三つ葉　6本

1　畑しめじ茸は石づきを削り取って、土を洗い流す。食べやすい大きさに切って薄塩をして、10分間おく。ベーコンは2cm角の色紙切りにする。
2　米は洗米し、吸水させて、合せだしとベーコン、畑しめじ茸を仕込んで炊く。
3　炊けたら、三つ葉を3cmに切って散らし、10分間蒸らす。

伊賀焼茶碗

蓮根親子ごはん　十月

蓮の根と実を使って親子ごはんとしました。にんじんを加えて彩りよく。

材料（4人分）
蓮の実　20個
蓮根　100g
八方だし※　180cc
にんじん　20g
米　2合
合せだし　以下を360cc
昆布だし18、淡口醤油1
酒、味醂　各0.1
三つ葉　適量

［八方だし］
だし12、味醂0.5、淡口醤油1
①材料をすべて合わせておく。

1 蓮の実は水洗いする。蓮根は皮をむいて、蓮の実の大きさに合わせて切り、水洗いしてアク抜きをする。蓮の実と蓮根を八方だしで歯応えが残るようにさっと炊き、下味をつけておく。
2 にんじんはあられに切る。
3 米は洗米し、吸水させて、合せだし、蓮の実、蓮根、にんじんを仕込んで炊き、ざく切りにした三つ葉を散らして蒸らす。

錦万暦面取茶碗

銀杏　菱の実ごはん　十月

出回っている菱の実は、九州産が多いようです。殻がかたいので、取扱いに注意してください。

材料（4人分）
ぎんなん　30個
菱の実　10個
サラダ油　適量
米　2合
昆布だし　360cc
黒胡麻塩（↓10頁）　適量

1 ぎんなんは殻をはずし、低温のサラダ油で揚げて、薄皮をむく。
2 菱の実は海水ほどの濃度（3%）の塩水（分量外）に30分間ほどつけてアク抜きをする。殻の側面に切り込みを入れて実を取り出し、ぎんなんと同じくらいの大きさに切り分ける。
3 米は洗米し、吸水させて、昆布だし、ぎんなん、菱の実を仕込んで炊き、10分間蒸らす。
4 ざっくり混ぜ合わせて、黒胡麻塩を添える。

中黒釉銀ハジキ碗

吹き寄せごはん　十月

山を赤く彩る紅葉のようなごはんです。
きのこや栗を加えて楽しんでください。
昆布だしで炊いて、胡麻塩で食べてもさっぱりとおいしくいただけます。

三角隅切り弁当

材料（４人分）
ぎんなん　20個
さつまいも　16枚
にんじん　20枚
蓮根　30g
むかご　20個
地鶏もも肉　40g
サラダ油、塩　各適量
米　２合

合せだし　以下を３６０cc
　だし　18
　酒　0.1
　味醂　0.1
　淡口醤油　1
枝豆（むき）　20g

1　ぎんなんは殻をはずし、低温のサラダ油で揚げて、薄皮をむく。
2　さつまいもを５㎜厚さに切り、いちょうの葉型で抜き、１７０℃のサラダ油で揚げて、いちょういもをつくる。にんじんを５㎜厚さに切って、もみじの葉型で抜き、塩ゆでして紅葉にんじんをつくる。
3　蓮根は皮をむいて５㎜厚さのいちょう切りにする。
4　むかごは１７０℃のサラダ油で揚げて皮をむく。
5　地鶏もも肉は小さく切っておく。
6　それぞれの材料に薄塩をあてて、10分間ほどおく。
7　米は洗米し、吸水させて、合せだしと6の具を仕込んで炊く。
8　炊けたら、枝豆を散らして10分間蒸らす。ざっくり混ぜ合わせて供する。

かぼちゃごはん　十月

1個で2人分としましたが、かぼちゃを縦に半分に切り分けて、銘々につくってもいいでしょう。

材料（4人分）
かぼちゃ　2個
塩　適量
ベーコン　120g
ブレンド米　2合
　米　8
　もち米　2
水　360cc
軸三つ葉　適量
黒胡麻塩（↓10頁）　適量

1　かぼちゃは手頃な大きさのものを選び、上下を3対7の割合で切って、中の種をくり抜く。薄塩をふって、強火で20分間蒸して火を通す。
2　ベーコンは2cm角の色紙切りにする。
3　ブレンド米は洗米し、吸水させて、水とベーコンを加えて炊く。
4　3をかぼちゃに詰めて、15分間蒸して温め、色よくゆでた軸三つ葉を散らして、黒胡麻塩を添える。
5　食べるときに器のかぼちゃを一緒にすくいとって、ごはんに混ぜる。

信楽焼締め長方皿

むかご柚子ごはん　十一月

むかごの皮の食感が気になる方は、サラダ油で揚げてから骨抜きでむいて炊き込むといいでしょう。

材料（4人分）
むかご　120g
サラダ油　適量
塩　適量
米　2合
合せだし　以下を360cc
　昆布だし　18
　淡口醤油　1
　酒　0.1
　味醂　0.1
柚子の皮（みじん切り）　30g

1　むかごは、大きいものは半分に切り、小さいものはそのまま、170℃のサラダ油で揚げる。油をふき取って、薄塩をあてておく。
2　米は洗米し、吸水させて、合せだし、むかごを仕込んで炊く。
3　炊けたら柚子の皮を散らして10分間蒸らす。
4　ざっくりと混ぜ合わせて盛る。

粉引古染花絵茶碗

百合根柚子ごはん 鬼柚子釜蒸し　十一月

香りを楽しむ柚子ごはんです。
身近にあるグレープフルーツなどの柑橘でもいいでしょう。

材料（4人分）

- 百合根（かき）　120g
- 塩　適量
- ブレンド米　2合
  - 米　8
  - もち米　2
- 昆布だし　360cc
- 酒　18cc
- 旨塩　4g
- 柚子の皮（せん切り）　15g
- 軸三つ葉　適量
- 柚子（釜用）　4個

1　百合根はばらして水洗いし、薄塩をあてておく。
2　ブレンド米は洗米し、吸水させて、昆布だし、酒、旨塩、百合根を仕込んで炊く。
3　炊けたら柚子の皮を散らして、ざっくりと混ぜ合わせる。
4　柚子をくり抜いてつくった柚子釜に3を詰め、10分間蒸して、色よくゆでた軸三つ葉を散らす。

黒釉変形皿

紫いもごはん　十一月

紫いものかわりに、鳴戸金時や紅あずま、安納いもなど、いろいろなさつまいもで試してみてください。

材料（4人分）

- 紫いも（乱切り）　160g
- 塩　適量
- 米　2合
- 昆布だし　360cc
- 白胡麻塩（→10頁）　適量

1　紫いもは皮をむいて乱切りにする。水洗いしてザルに上げ、薄塩をあてておく。
2　米は洗米し、吸水させて、昆布だし、紫いもを仕込んで炊く。
3　ざっくりと混ぜ合わせて盛り、白胡麻塩をふる。

粉引赤絵十草丸紋茶碗

里いもごはん釜焼き　十一月

里いも太郎とは、大きな里いもの品種です。海老いもやじゃがいも、さつまいもなど、大きないもでつくってみてください。

織部葉型盛り皿

材料（4人分）
里いも（里いも太郎）　4個
塩　適量
ブレンド米　2合
　米　8
　もち米　2
合せだし　以下を３６０cc
　昆布だし　18
　酒　0.1
　味醂　0.1
　淡口醤油　1

べっ甲餡※　54cc×4
軸三つ葉　適量
柚子の皮（みじん切り）　20g

1　里いもは、上下を3対7に切り分ける。下側のいもをくり抜いて釜をつくる。くり抜いた里いも２００g（50g×4）は、食べやすい大きさに切って、薄塩をあてておく。釜にも薄塩をあてて、強火で20分間ほど蒸して火を通す。

2　ブレンド米は洗米し、吸水させて、合せだし、里いもを仕込んで炊く。

3　里いもの釜に2のごはんを詰めて、色よくゆでた軸三つ葉を散らし、２００℃のオーブンで15分間ほど焼く。

4　べっ甲餡をかけて、柚子の皮を散らす。

［べっ甲餡］
だし18、味醂0.5、濃口醤油1、吉野葛適量
①だしと調味料を合わせて沸かす。
②水で溶いた吉野葛を加えてとろみをつける。

りんご焼き飯 釜焼き餡掛け

十月

採れたてのりんごを使ったごはんです。女性やお子さんにもおすすめです。

材料　（4人分）

りんご（大）　1個×4
ごはん　80g×4
ベーコン　80g
サラダ油　適量
塩、白コショウ　各適量
卵　1個
長ねぎ　適量
べっ甲餡　（→60頁）　54cc×4

1　りんごは上下を3対7に切って、下側をくり抜き器で抜いて釜をつくる。くり抜いた実は食べやすく切って、塩水で洗い、水分をふき取る。

2　ベーコンは1cmの色紙切りにする。

3　鍋にサラダ油をひいて、ベーコン、くり抜いたりんごをさっと炒めて、塩、白コショウで味をつけて、バットに移す。

4　同じ鍋に割りほぐした卵を流し入れ、ごはんを入れ、3を加えて炒め合わせる。塩、白コショウで味を調え、仕上げに小口切りにした長ねぎを加えて、焼き飯をつくる。

5　焼き飯をりんご釜に盛りつけて、２００℃のオーブンで15分間焼いて、べっ甲餡をかける。

黒土白釉四方皿

バターライス 滑子茸餡掛け 石焼き

十月

なめこ茸のかわりに、季節の野菜、魚介、肉、チーズなどを加えてみてください。

石鍋

材料（4人分）

ごはん　150g×4
バター　25g×4
サラダ油　適量
塩、白コショウ　各適量
卵　1個×4
滑子餡※　200cc×4
菊花（黄菊、もって菊）　各適量

1　フライパンにバターとサラダ油を入れて溶かし、ごはんを炒める。
2　塩、白コショウで味を調えて、バターライスをつくる。
3　熱く空焼きした石鍋にバターライスを入れ、溶きほぐした卵を1個加えて、ざっくり混ぜる。
4　滑子餡をかけて、菊花を散らす。鍋のふちに寄せて、おこげをつくりながら食べる。

［滑子餡］
なめこ茸100g、合せだし（だし18、味醂0.5、濃口醤油1）720cc、吉野葛適量
①合せだしを熱して、なめこ茸を入れて煮る。
②火が通ったら、水で溶いた吉野葛を加えてとろみをつける。

柿釜ごはん蟹餡掛け

十一月

大きな柿を用意してください。
くり抜いた柿もご飯に混ぜていただきます。

織部平皿

材料（4人分）
富有柿（特大）1個×4
ごはん　50g×4
塩　適量
蟹餡※　36cc×4
軸三つ葉　10本

1　柿はかたくて大きいものを選ぶ。ヘタを上に向けて、上下を3対7に切る。下側から実をくり抜いて、釜をつくる。上下ともに水洗いして、薄塩をあてておく。

2　炊きたてのごはんにくり抜いた柿を刻んで混ぜ、塩で薄味をつけて、柿釜に盛る。２００℃のオーブンで15分間ほど焼く。

3　蟹餡をかけ、色よくゆでた軸三つ葉を添える。

［蟹餡］
蟹ほぐし身１００g、合せだし（だし１００cc、味醂5cc、塩適量、淡口醤油少量）１００cc、吉野葛適量
①合せだしの材料を合わせて熱し、吸物より少し濃い味に調える。
②蟹のほぐし身を加えて、水で溶いた吉野葛でとろみをつける。

鮭親子飯　九月

秋は鮭もおいしくなる季節です。
新米で炊き上げてください。

材料（4人分）
甘塩鮭切り身　120g
イクラ醤油漬け※　200g
米　2合
昆布だし　360cc
酒　18cc
切り海苔　適量

1　甘塩鮭は焼いておく。
2　米は洗米し、吸水させて、昆布だし、酒を加えて、鮭を仕込んで炊く。
3　蒸し終えたら、ざっくりと混ぜて茶碗に盛り、イクラ醤油漬けをのせて、切り海苔を添える。

［イクラ醤油漬け］
鮭の腹子（ほぐし）200g、漬けだれ（酒1、味醂2、淡口醤油3、濃口醤油1）6cc
①漬けだれをあらかじめつくっておく。指定の割で合わせて沸かしたのち、冷ましておく。
②鮭の腹子はぬるま湯の中でほぐす。湯を4～5回とりかえて薄皮を取り除き、ザルにとって水気をきる。
③漬けだれを混ぜ、1時間ほどおいて味をなじませる。

唐草彫茶碗

生雲丹とトリュフごはん　十月

生雲丹とトリュフを使った贅沢なごはんです。
この二つの香りはとてもよく合います。

材料（4人分）
生雲丹　300g
トリュフ　50g
三つ葉　12本
米　2合
合せだし　以下を360cc
　だし　18
　酒　0.5
　味醂　0.1
　濃口醤油　1

1　米は洗米し、吸水させて、合せだしを仕込んで炊く。
2　炊けたら、生雲丹をごはんにのせて、ざく切りした三つ葉を散らす。粗めにすりおろしたトリュフをたっぷりふりかけて、10分間ほど蒸らす。

黒釉釜　かいらぎ変形皿

帆立貝焼きごはん　十一月

田舎味噌の分量は含まれる塩分によって調整してください。いつも食べなれている味噌が一番おいしいと思います。白味噌でも合います。

材料（4人分）
帆立貝（大・殻つき）　1個×4
酒　少量
ごはん　100g×4
三つ葉　適量
味噌汁※　50cc×4

1　帆立貝を水洗いする。殻の平らなほうを下にして、直火で焼く。殻が開いたら上下を返して殻をはずす。
2　酒を少量ふってさらに焼き、食べやすい大きさに切る。
3　帆立貝、炊きたてのごはん、三つ葉を混ぜて殻に盛る。
4　味噌汁を注ぎ、焜炉にかけて供する。

［味噌汁］
だし180cc、田舎味噌20g
①だしを沸かし、田舎味噌を溶かす。普段の味噌汁よりも少し濃い味にする。

帆立貝殻　飛騨焜炉

曲わっぱ

赤飯

一月

ささげのかわりに小豆を使う場合は、皮が割れやすく、くずれやすいのでゆですぎに注意してください。

材料（4人分）
ささげ（または小豆）　40g
もち米　2合
黒胡麻塩（→10頁）　適量

1 ささげは水洗いして、水から火にかける。沸騰したら2分間ほどゆで、煮汁を捨ててアク抜きする。

2 再びささげが充分つかるくらいの水を加えて火にかけ、沸いてきたら弱火で30分間ほど煮る。もち米に混ぜて再度蒸すので、ほんの少しかために煮ておく。

3 ザルに上げて、煮汁と分ける。煮汁はガーゼで漉して、煮くずれしたささげを取り除く。

4 もち米を洗米し、ささげの煮汁に一晩つけて、色づけをし、吸水させる。

5 ザルに上げて水分をきる。

6 ゆでたささげを加えて、もち米をセイロで蒸す（→12頁おこわの炊き方）。

7 曲げわっぱに盛りつけて、黒胡麻塩をふる。

大豆ごはん　十二月

大豆は煎りたてを使うと、一層こうばしく炊き上がります。

材料（4人分）
- 大豆　90g
- 米　2合
- 昆布だし　380cc
- 酒　20cc
- 淡口醤油　10cc
- 白胡麻塩（↓10頁）　適量

1　大豆は水洗いして、水に一晩つける。
2　水分をきって、鍋に入れ、中火で10分間ほど煎る。淡口醤油をからめて、30分間おく。
3　米は洗米し、吸水させて、昆布だし、酒、大豆を仕込んで炊く。
4　ざっくりと混ぜて、茶碗に盛り、白胡麻塩をふる。

刷毛目茶碗

煎り大豆ごはん　二月

節分用の豆があまったら、ごはんに炊き込んでみてください。大豆がこうばしく香ります。

材料（4人分）
- 煎り大豆　100g
- 米　2合
- 昆布だし　400cc
- 酒　18cc
- 黒胡麻塩（↓10頁）　適量

1　ここで使用する煎り大豆は、節分に食べるように、こうばしくさくさくに煎ったものを使用する。
2　米は洗米し、吸水させて、煎り大豆、昆布だし、酒を仕込んで炊く。
3　ざっくりと混ぜ合わせて盛り、黒胡麻塩をふりかける。

かぶ絵飯碗

煎り黒豆ごはん　二月

こうばしい香りのする、おいしいごはんです。
煎り黒豆は、使用する前にフライパンなどで軽く煎りなおすと、より一層香りがたちます。

材料　（4人分）

煎り黒豆　100g
米　2合
昆布だし　400cc
酒　18cc
白胡麻塩（↓10頁）　適量

1　煎り黒豆は、こうばしくさくさくに煎ったものを使用する。
2　米は洗米し、吸水させて、煎り黒豆、昆布だし、酒を仕込んで炊く。
3　ざっくりと混ぜ合わせて盛り、白胡麻塩をふりかける。

しゃぼん飯碗

黒米ごはん　二月

味と色合いを濃くしたい方は、黒米を増量してください。
おこわのように蒸す場合と、釜で炊き込む場合では、同量でもごはんの色合いが異なります。

材料　（4人分）

黒米　30g
米　2合
水　400cc
酒　18cc
白胡麻塩（↓10頁）　適量

1　黒米は洗米し、かたいので一晩水に浸しておく。
2　米を洗米し、吸水させて、黒米、水、酒を仕込んで炊く。
3　ざっくりと混ぜ合わせて盛り、白胡麻塩をふりかける。

赤玉飯碗

百合根の野菜ジュースごはん　十二月

市販の野菜ジュースで炊いた、手軽なごはんです。さまざまなジュースが出回っていますので、ためしてみてください。

材料（4人分）

百合根　120g
米　3合
昆布だし　270cc
野菜ジュース（市販）　90cc
黒胡麻塩（→10頁）　適量

1　百合根をばらして、水洗いしておく。
2　米は洗米し、吸水させて、昆布だし、野菜ジュース、百合根を仕込んで炊く。
3　ざっくり混ぜ合わせて、茶碗に盛り、黒胡麻塩をふる。

粉引錦花鳥紋茶碗

百合根と蕗のとうごはん　一月

春の山菜特有のほろ苦さがあるごはんです。子ども向けには蕗のとうを控えめにするといいでしょう。

材料（4人分）

百合根　100g
蕗のとう　40g
サラダ油　適量
塩　適量
米　2合

合せだし　以下を360cc
だし　18
淡口醤油　1
味醂　0.1
酒　0.1

1　百合根は1枚ずつばらして、きれいに掃除しておく。
2　蕗のとうは160℃に熱したサラダ油で素揚げにする。たっぷりの熱湯をかけて油抜きして、軽くしぼる。4等分のくし形に切って、薄塩をふっておく。
3　米は洗米し、吸水させて、合せだし、百合根、蕗のとうを仕込んで炊く。
4　ざっくりと混ぜ合わせて茶碗に盛る。

錦万暦面取り茶碗

七草ごはん　一月

定番の粥のかわりに七草をごはんに炊き込みました。色と香りをたたせるために、最後の蒸らしで加えます。白胡麻塩がよく合います。

材料（4人分）
七草*　100g
塩　少量
米　2合
昆布だし　360cc
酒　18cc
白胡麻塩（→10頁）　適量

*せり、なずな、ごぎょう、はこべら、ほとけのざ、すずな、すずしろを七草という。

1　七草は塩少量を加えた熱湯で、さっと色よくゆでて、細かく刻む。
2　米は洗米し、吸水させて、昆布だし、酒を仕込んで炊く。
3　炊き上がったら、七草を加えて10分間蒸らす。
4　ざっくり混ぜて盛りつけ、白胡麻塩をふる。

錦椿絵面取り茶碗

芹ごはん　二月

せりはそのまま炊き込むと、香りはよいのですが、食感と色が少し悪くなります。一緒に炊き込みたいときは、米が沸騰してから加えるなど工夫してください。

材料（4人分）
せり　2束
米　2合
昆布だし　360cc
酒　18cc
旨塩　4g

1　せりは、塩一つまみを加えた熱湯でかためにゆでて冷水にとる。水気をきって、1cmのざく切りにする。
2　米は洗米し、吸水させて、昆布だし、酒、旨塩を仕込んで炊く。
3　炊き上がったら、せりをのせて10分間蒸らす。
4　ざっくりと混ぜ合わせて盛る。

黒象嵌飯碗

りんごごはん　二月

りんごは酸味のある種類のものが、さっぱりとしておいしいようです。

材料（4人分）

りんご（乱切り）　240g
赤米　30g
米　2合
水　400cc
酒　18cc
白胡麻塩（→10頁）　適量

1　赤米は洗米し、かたいので一晩水に浸しておく。
2　りんごは皮をむいて一口大に切り、酢水（分量外）でさっと洗う。褐変しやすいので、ごはんが炊き上がる直前に準備する。
3　米を洗米し、吸水させて、赤米、水、酒を加えて炊く。
4　炊き上がったら、りんごをのせて、10分間蒸らす。
5　ざっくりと混ぜ合わせて盛り、白胡麻塩をふりかける。

京十草茶碗

高菜ごはん　二月

高菜漬けの塩分が強ければ、さっと水洗いして、かたくしぼってから炒めます。

材料（4人分）

高菜炒り煮※　100g
米　2合
水　360cc
酒　18cc

1　米は洗米し、吸水させて、水、酒を仕込んで炊く。
2　炊き上がったら、高菜炒り煮をのせて、10分間蒸らす。
3　ざっくりと混ぜ合わせて盛る。

［高菜炒り煮］
高菜漬け500g、煮汁（酒36cc、味醂36cc、濃口醤油36cc、たまり醤油36cc）、胡麻油適量、一味唐辛子適量、白煎り胡麻25g
①高菜漬けを小口から細かく刻む。胡麻油を熱し、強火で炒める。
②煮汁を加えて味をつけ、汁気がなくなるまで炒り煮にする。煮汁は高菜漬けの塩分により、調整する。
③好みの分量の一味唐辛子を加え、仕上げに白煎り胡麻を加える。

渦赤飯碗

蟹ごはん甲羅蒸し　柚子餡掛け

十二月

蟹の殻でとったスープで炊いた蟹ごはんを甲羅に詰めて蒸し、蟹の香りをたたせました。

わたり蟹やずわい蟹、毛蟹などでもつくってみてください。

焼締万頭玉緑鉢

材料　(4人分)
紅ずわい蟹（ゆで）　1杯
(または蟹ほぐし身200g)
ブレンド米　2合
　米　8
　もち米　2

合せだし　以下を360cc
　蟹スープ※　360cc
　塩　3g
　淡口醤油　少量
柚子餡※　適量
蟹味噌　適量
蟹の殻　4枚

1　紅ずわい蟹は、さばいて身を取り出す。
2　ブレンド米は洗米し、吸水させて、合せだし、1の蟹ほぐし身を仕込んで炊く。
3　蟹ごはんを甲羅に盛って、蟹味噌をのせ、強火で15分間蒸す。
4　上から柚子餡をかけて供する。

［蟹スープ］
水900cc、酒90cc、蟹の殻1杯分、昆布10g、削り節20g
①身を取り出したあとに残った脚や胴体の殻を、こがさないように網で焼く。
②蟹の殻に水、酒、昆布を入れて火にかける。沸騰直前に昆布を取り出す。
③中火にして、アクを取りながら、30分間煮る。火を止めて削り節を入れ、削り節が沈んだらアクを取って漉す。

［柚子餡］
だし18、味醂0.5、淡口醤油1、吉野葛適量、柚子の皮適量
①だしと調味料を合わせて一煮立ちさせる。
②水で溶いた吉野葛を加えてとろみをつけて、刻んだ柚子の皮を加えて餡を仕上げる。

牡蠣ごはん釜炊き

十二月

ぷっくりと膨れた牡蠣をのせた炊き込みごはんです。

材料（4人分）

牡蠣むき身　300g
米　2合
合せだし　以下を360cc
　昆布だし　18
　酒　0.5
　味醂　0.1
　濃口醤油　1
三つ葉　適量

1　牡蠣のむき身に大根おろし（分量外）を加えてかき回し、生臭さをとって、水洗いする。
2　熱湯にさっとくぐらせて冷水にとり（霜ふり）、水気をきる。
3　米は洗米し、吸水させて、合せだし、牡蠣を仕込んで炊く。
4　炊けたら2cmに切った三つ葉を散らして、10分間蒸らす。

黒釉釜

寒鰤ごはん　一月

寒さが厳しくなると、脂がのってくる寒ぶりを、こうばしく焼いて炊き込みました。塩焼きではなく、醤油をからめて焼いてもおいしくできます。

網目椀

材料（4人分）
寒ぶり　200g
塩　少量
米　2合
合せだし　以下を360cc
　昆布だし　18
　淡口醤油　1
　味醂　0.1
　酒　0.5
せり　30g

1　寒ぶりを上身にし、サイコロの大きさに切る。薄塩をふって30分間ほどおく。
2　アルミホイルの上にぶりを並べて、強火でこんがりと焼く。
3　米は洗米し、吸水させて、合せだし、ぶりを仕込んで炊く。
4　炊き上がったら、2cm長さに切ったせりを加えて10分間蒸らし、ざっくりと混ぜて椀に盛る。

第二章　丼・すし・おにぎり

山菜天丼

四月

山菜は天ぷらが一番。天丼つゆは、鰻のたれと同様、継ぎ足しながら使用します。

銀独楽天竜寺平椀

材料　（4人分）
わらび（アク抜き→30頁）　4本
たらの芽　4本
うどの芽　4本
筍（アク抜き→26頁）　4枚
蕗のとう　4個

こしあぶら　4本
天ぷら衣※　適量
天ぷら油　適量
天丼つゆ※　72cc×4
ごはん　１２０g×4

1　山菜は下ごしらえをして適宜に切る。
2　山菜を天ぷら衣にくぐらせ、１７０℃の天ぷら油でからっと揚げる。
3　炊きたてのごはんを器に盛り、天丼つゆを適量かける。
4　揚げたての天ぷらを天丼つゆにくぐらせてごはんにのせて供する。

［天ぷら衣］
卵黄1個分、冷水３６０cc、薄力粉２００g
①薄力粉はふるいにかけて冷蔵庫で冷やしておく。その他の材料もすべて冷やしておく。
②冷水に卵黄を加えてよく混ぜ、薄力粉を粘りが出ないように手早く混ぜる。完全に混ざらなくてもよい。

［天丼つゆ］
だし3.5、味醂1、濃口醤油1、砂糖少量
①材料をすべて合わせて一煮立ちさせる。

筍木の芽焼き丼　四月

地芽とは成長した山椒の葉のこと。
ちなみに若芽は木の芽と呼んでいます。

材料（4人分）
筍（アク抜き→26頁）　2本
つけだれ※　適量
ごはん　120g×4
地芽　30g

［つけだれ］
酒2、味醂1.5、濃口醤油1
①材料を合わせて一煮立ちさせる。

1　アク抜きした筍の皮をむき、食べやすい大きさに切る。つけだれにからめて、30分間おく。
2　筍に串を打って、つけだれを4〜5回両面にかけながら焼く。
3　焼き上がりに包丁で叩いた地芽を上からふる。
4　炊きたてのごはんを器に盛り、つけだれを適量かけて、上に焼いた筍を盛る。

呉須遠山内金箔向付

あさり玉子丼　四月

味つけも大事ですが、丼物はタイミングが大事です。卵の煮え具合、ごはんとの量のバランスに注意し、提供に合わせて仕上げましょう。

材料（4人分）
あさりむき身　40g×4
合せだし　以下を144g×4
だし　4
味醂　1
濃口醤油　1
砂糖　少量
卵　1.5個×4
三つ葉　12本
ごはん　120g×4
木の芽　適量

1　平鍋に合せだし、あさりのむき身を入れて火にかける。
2　沸いてきたら溶き卵を流し入れて、2cmのざく切りにした三つ葉を散らし、半熟に仕上げる。
3　炊きたてのごはんを器に盛り、2をかけて木の芽を散らす。

楕円根来椀

初鰹焼き霜丼

五月

さっぱりしたかつおを、こうばしい焼き霜にし、初夏の薬味を添えた丼です。

染付刷毛目中丼

材料（4人分）

かつお焼き霜　80g×4
塩　適量
漬けだれ※　適量
ごはん　120g×4
花茗荷　適量
大葉　適量
生姜　適量
もみ海苔　適量

1　かつおは節おろしにして血合いをそぎ取る。薄塩をふって焼き網であぶる（焼き霜）。水にとらないほうがこうばしさが残る。

2　5㎜の厚さの平造りにして、漬けだれにからめて1時間ほどおく。

3　炊きたてのごはんに漬けだれを適量かける。2のかつおをのせて、小口切りの花茗荷、せん切りの大葉、おろし生姜、もみ海苔を上に盛って供する。

［漬けだれ］

濃口醤油3、酒2、味醂1、長ねぎ（白い部分）適量、生姜適量

①酒、味醂を合わせて火にかける。沸騰したら火を入れてアルコール分を煮切る。
②濃口醤油を入れて冷ましておく。
③たれをかつおにからめるときに、みじん切りの長ねぎ、おろし生姜を適量加える。

鱧焼き霜 梅肉丼

八月

夏の代表的な魚、はもをこうばしくあぶり、梅肉を添えました。すし飯を使った丼です。

クリスタル蓋向

材料（4人分）
はも　60g×4
梅肉※　少量
すし飯（↓12頁）　120g×4
オクラ　1本×4
花茗荷　1個×4
かいわれ菜　適量
塩　適量
もみ海苔　適量

1　はもは水洗いし、腹開きにして、中骨、ヒレを取り除いて骨切りする。
2　まず皮目をバーナーでこうばしく焼く。身側もさっとあぶって、焼き霜造りにする。一口大に切り分ける。
3　オクラは塩ずりして、熱湯でさっとゆでて小口切りにする。花茗荷は小口切りにし、かいわれ菜は切りそろえておく。
4　すし飯を小丼に盛り、梅肉を添える。もみ海苔を散らす。ここに2のはもを盛りつけ、梅肉を添える。薄塩をしたオクラ、花茗荷、かいわれ菜を散らす。

［梅肉］
梅肉1、煮切り酒2、砂糖少量、吉野葛少量
①梅肉、煮切り酒、砂糖を合わせて熱する。
②水で溶いた吉野葛を加えてとろみをつけて冷ます。

鱧玉子とじ丼　八月

つけ焼きしたはもを卵でとじた丼です。丼とはいえ、はもを使った贅沢丼。かわりに鰻や穴子、どじょうなどでもいいでしょう。

黒釉蓋向

苦瓜味噌炒めごはん　八月

食欲のおちる夏の盛りには、ほろ苦い味噌炒めがうれしいもの。温度玉子を混ぜて、苦みをやわらげ、なめらかな味に。

映辰砂渕金天目鉢

材料（4人分）
はも　60g×4
焼きだれ※　適量
長ねぎ（白い部分）　1本
卵　1.5個×4個
三つ葉　12本
合せだし　以下を150cc×4
　だし　3.5
　味醂　1
　濃口醤油　1
ごはん　120g×4
粉山椒　適量

1　はもは水洗いし、腹開きにして、中骨、ヒレを取り除いて骨切りする。
2　串を打って、焼きだれをハケで塗りながら焼く。一口大に切り分ける。
3　丼用の浅鍋に合せだしを注ぎ、笹打ちした長ねぎを入れて火にかける。沸いてきたらはもを入れて、溶き卵を流し入れる。3cmに切った三つ葉を散らし、半熟になったら火を止める。
4　丼にごはんを盛り、上に3の玉子とじをのせて、粉山椒をふる。

［焼きだれ］
はもの頭と中骨2尾分、酒2、味醂6、濃口醤油3
①はもの頭と中骨をこんがりと焼く。
②酒と味醂を合わせて煮切ってアルコールをとばし、①を入れて弱火にかけ、30分間ほど煮る。アクをひいて濃口醤油を加え、2割ほど煮詰めて自然に冷ます。
③冷めたら漉して用いる。

材料（4人分）
苦瓜＊（種除く）　200g
味噌　50g
酒　36cc
砂糖　10g
胡麻油　適量
一味唐辛子　適量
ごはん　120g×4
温度玉子※　1個×4
切り海苔　適量
＊ゴーヤーのこと。

1　苦瓜は縦半分に切って、種を取り除き、3～4mm厚さの小口切りにする。苦みが気になる場合には、軽く塩もみして霜ふりする。
2　フライパンを熱し、胡麻油で苦瓜を炒める。砂糖をからめて、酒でゆるめた味噌を加えて味を調える。好みで一味唐辛子を少量加える。
3　炊きたてのごはんを盛り、味噌炒めを盛りつけ、温度玉子、切り海苔を添える。

［温度玉子］
卵4個
①鍋にザルを敷き、割れないように布巾を広げて常温にもどした卵を入れる。鍋肌から卵が十分につかる量の熱湯を注ぐ。
②温度計を入れて70℃を保つように火加減し（熱い場合は水を適量加えて調整）、20～25分間ゆでて冷水にとって冷ます。

アボカドと豆腐 オクラとろろかけ丼

六月

お刺身の好きな方は、まぐろや白身魚を入れてもいいでしょう。づけにしてもおいしくなります。

内青磁朝露深鉢

オクラと納豆おろし和えごはん

八月

大根おろしでさっぱりと。おろしたてを使うのがコツ。においが残らないので、納豆が苦手な方にも好評です。

白磁小丼

焼き松茸丼 九月

焼きたての松茸を縦に割いて、香りと食感を楽しんでください。
かわりに原木椎茸でもいいでしょう。
ナラやクヌギなどの木で栽培した、しっかりした肉質の椎茸です。

根来弥生大椀

アボカドと豆腐 オクラとろろかけ丼

材料（4人分）
アボカド　1個
絹ごし豆腐　1／2丁
オクラ　5本×4
ごはん　120g×4
切り海苔、白切り胡麻、山葵　各適量
濃口醤油　適量

1 アボカドは縦に切り目を入れ、両手で持って互い違いにひねり、2等分にする。片側に残った種を取り除く。皮をむき、4等分にして5㎜の厚さに切る。

2 絹ごし豆腐はキッチンペーパーで包んで抜き板にのせて傾け、30分間ほどおいて水きりをする。

3 オクラはヘタを切り取って隠し包丁を入れ、塩ずりして産毛を落とす。塩一つまみ（分量外）を入れた熱湯で色よくゆでて冷水にとる。水気をきって縦半分に切り、包丁のミネでしごいて、種を取り除く。

4 オクラを適当に刻んだのち、粘りが出るまで刃叩きしてよくかき混ぜ、オクラとろろをつくる。

5 ごはんを器に盛り、白切り胡麻を適量ふりかける。アボカド、豆腐、オクラとろろを盛り合わせる。切り海苔を大に盛り、おろし山葵を添える。濃口醤油を別に添えてすすめる。

オクラと納豆おろし和えごはん

材料（4人分）
オクラ（大）　4本×4
納豆　2パック
大根おろし　20g×4
濃口醤油、ラー油　各適量
ごはん　120g×4
切り海苔　適量

1 オクラは塩ずりして、熱湯でさっとゆでてから、小口切りにする。

2 オクラとほぼ同量の納豆と半量の大根おろしをさっと混ぜて、濃口醤油とラー油で好みの辛さに味を調える。

3 炊きたてのごはんを器に盛り、2をかける。切り海苔を添える。

焼き松茸丼

材料（4人分）
松茸　2本×4
酒、塩　各適量
酢橘醤油※　適量
ごはん　120g×4
軸三つ葉　適量

1 松茸は石づきを削り取り、かたくしぼった布巾で土やほこりなどを取り除く。酒少量をふりかけ、薄塩をして、アルミホイルで包み、焼き台で5～6分間焼く。

2 食べやすい大きさに裂いて、酢橘醤油をからませて味をつける。好みで紅葉おろしや柚子胡椒を加えてもよい。

3 炊きたてのごはんを器に盛り、松茸をのせる。色よくゆでた軸三つ葉を散らす。

［酢橘醤油］
酢橘果汁1、濃口醤油1.5
①よく混ぜ合わせる。

滑子茸と長いもとろとろ丼 九月

長いもは叩くと箸にかかりやすく、醤油がからみやすくなります。刺身を入れてもいいでしょう。その場合はなめこ茸と大きさをそろえて小角に切ります。

溜塗り椀

秋刀魚蒲焼き丼 九月

甘辛の蒲焼きはごはんにぴったり。さんまだけでなく、いわしや太刀魚、さば、ぶりなどの背の青い魚や、鶏肉や豚肉にも合います。

銀朱込み椀

秋鯖黒酢絡み丼　十月

酸味のある黒酢たれが、さばのくせをおさえてくれます。
脂ののった秋さばでどうぞ。

茜朱歳々丼

戻り鰹づけ丼　十一月

初がつおもいいですが、
脂ののった晩秋の戻りがつおもいいものです。
漬けだれの柚子胡椒は辛いので、
子ども向けには入れないほうがいいでしょう。
まぐろ、かんぱち、サーモンにも合います。

茶布貼中鉢

滑子茸と長いもとろとろ丼

材料（4人分）
なめこ茸　50g×4
長いも　50g×4
卵黄　1個×4
ごはん　120g×4
濃口醤油　適量
切り海苔　適量
山葵　適量

1 なめこ茸は石づきを落として、熱湯でさっとゆでて、冷水にとり、ザルに上げておく。
2 長いもは皮をむいてぬめりを洗い流し、水分をふき取って、出刃包丁のミネで粗叩きする。
3 なめこ茸と長いもを同量ずつ合わせる。
4 炊きたてのごはんを盛り、3を上にのせて、中央に卵黄を落とす。
5 濃口醤油を適量かけて、おろした山葵と切り海苔を添える。

秋刀魚蒲焼き丼

材料（4人分）
さんま　2尾
片栗粉、サラダ油　各適量
酒　少量
合せだれ※　250cc
ごはん　120g×4
粉山椒　適量

1 さんまは三枚におろす。腹骨をすき取り、血合いの小骨を抜き取る。器に合った大きさに切る。
2 片栗粉をまぶして余分な粉を落とす。
3 フライパンを熱して、サラダ油をひき、さんまの両面をこんがり焼く。熱湯をたっぷりかけて油抜きする。
4 再びフライパンを熱し、3のさんまを入れて酒を少量ふり、アルコールをとばし、合せだれを加えて炒りつけて蒲焼きをつくる。
5 炊きたてのごはんを器に盛り、合せだれを適量かけて、さんまの蒲焼きを盛り、粉山椒をふる。

［合せだれ］
酒1、味醂2、濃口醤油1
①酒と味醂を合わせて火にかけ、アルコール分をとばす。
②濃口醤油を加えて冷ましておく。

秋鯖黒酢絡み丼

材料（4人分）
さば（1尾600g）　1尾
片栗粉、サラダ油　各適量
黒酢たれ※　200cc
ごはん　120g×4
花茗荷　8個
かいわれ菜　適量
練り芥子　少量

1　さばは三枚におろす。腹骨をそぎ取って、血合い部分に残った小骨を抜く。
2　1切れ20g程度のそぎ切りにして、片栗粉をまぶす。
3　フライパンにサラダ油をひいて熱し、さばを焼く。両面こんがりと焼いたら取り出し、たっぷりの熱湯をかけて油抜きする。
4　さばをフライパンにもどして火にかけ、黒酢たれをからめる。
5　ごはんを器に盛り、さばをのせる。フライパンに残ったたれを適量かけて、せん切りの花茗荷、3～4cmの長さに切ったかいわれ菜を散らし、練り芥子を添える。

［黒酢たれ］
酒2、味醂1、黒酢1、砂糖0.5、濃口醤油1
①酒、味醂を合わせて火にかけ、アルコール分を煮切る。
②ここに砂糖、濃口醤油、黒酢を加えて溶かし、冷ます。

戻り鰹づけ丼

材料（4人分）
戻りがつお　100g×4
漬けだれ※　適量
すし飯（→12頁）　120g×4
生姜　適量
切り海苔　適量

1　戻りがつおの上身をさく取りして、5㎜ほどの厚さの刺身にする。
2　漬けだれをからめて、1時間ほどおく。
3　すし飯を器に盛り、2のかつおを盛る。おろした生姜と切り海苔を添える。

［漬けだれ］
濃口醤油3、酒2、味醂1、柚子胡椒適量
①酒、味醂を合わせて火にかけ、火を入れてアルコール分を煮切る。
②火を止めて濃口醤油、柚子胡椒を加え、冷ましておく。

帆立貝焼き丼　十一月

醤油であぶった香りがご馳走です。
この焼きだれはさざえの壷焼きにも使用できます。

高山寺長角蓋物

地鶏カレー風味焼き丼　十一月

カレー風味の鶏焼きをのせました。
カレーを使うと豚肉や青魚のようなくせのある素材も
食べやすくなります。
女性やお子さんにも向く丼です。

雲錦長角蓋物

新米玉子掛けごはん　九月

秋は新米の季節です。
炊きたてのごはんに新鮮な卵をのせて、
醤油をたらりと数滴たらしてどうぞ。
新米を炊く場合、水加減は控えめに。

飴釉土釜　二色十草茶碗　小判籠　独楽筋醤油さし

からすみごはん　十一月

からすみはボラの卵の塩漬けで、
塩雲丹、このわたに並ぶ日本の三大珍味として高価なものです。
端の部分まで上手に使いきりましょう。

内金箔茶碗

帆立貝焼き丼

材料（4人分）
帆立貝（殻つき）　1個×4
焼きだれ※　適量
ごはん　120g×4
一味唐辛子　適量

1　帆立貝を水洗いする。平らな殻を下側にして、直火で焼く。
2　殻が開いたら上下を返して、殻からはずす。
3　殻の上で帆立貝に焼きだれをかけながらこうばしく焼いて、2等分に切る。好みで一味唐辛子をふる。
4　炊きたてのごはんを器に盛り、貝に残っている汁をかけて、帆立貝を盛る。

［焼きだれ］
酒1、醤油1、味醂0.5、一味唐辛子適量
①材料をすべて合わせてよく混ぜる。

地鶏カレー風味焼き丼

材料（4人分）
地鶏もも肉（1枚200g）　2枚
赤ねぎ　2本
カレー風味だれ※　200cc
ごはん　120g×4

1　地鶏もも肉の皮に、金串を4～5本束ねて針打ちしてたれをしみやすくする。カレー風味だれをからめ、1時間おいて味をなじませる。
2　地鶏もも肉に金串を打って、カレー風味だれを4～5回かけながら中火でこうばしく焼いて、食べやすい大きさに切る。
3　赤ねぎは3㎝ほどの長さに切って、金串を打つ。カレー風味だれを4～5回かけながら中火でこうばしく焼く。
4　ごはんを器に盛り、カレー風味だれを適量かけて、地鶏もも肉と赤ねぎを盛る。

［カレー風味だれ］
カレー粉12g、合せだれ（酒2、味醂1.5、濃口醤油1）200cc
①合せだれの酒と味醂を合わせて火にかける。沸騰したら火を入れてアルコール分を煮切る。
②濃口醤油とカレー粉を加えて冷ましておく。

新米玉子掛けごはん

材料（4人分）
- 米　2合
- 水　360cc
- 酒　18cc
- 卵（生食用）　2個×4
- 焼海苔　適量
- 濃口醤油　適量

1 洗米し、吸水した米に、水、酒を仕込んで炊く。
2 炊きたての新米ごはんを大ぶりの茶碗に盛る。
3 卵と焼海苔、濃口醤油を添えて供する。卵を割ってのせ、適量の濃口醤油をたらして食べる。好みで焼海苔とともに。

からすみごはん

材料（4人分）
- カラスミ　20g×4
- おろしカラスミ　適量
- ごはん　80g×4
- 切り海苔　適量

1 カラスミは薄切りにして、片面を強火であぶる。
2 残りの部分を粗めのおろし金でおろしておく。
3 炊きたてのごはんに、すりおろしたカラスミをふりかけ、あぶったカラスミを数枚盛りつける。切り海苔を添える。

鶉くわ焼き丼　十二月

うずらの骨を食感が残るくらいにすりつぶして、身にはりつけて、甘辛いたれで焼き上げたくわ焼き丼です。魚でも同じようにできます。

赤絵市松角鉢

焼き牡蠣ごはん　十二月

牡蠣は味がのりにくいので、
焼きだれにしばらくつけてから焼いてください。
強火でさっと焼いて、ジューシーに仕上げるのがコツです。

染付濃松竹梅角鉢

寒鰤つけ焼き丼　一月

寒ぶりは、脂がのっているうえ、身が締まっていて、
とくによろこばれます。
甘辛いたれをかけながら、さっと焼き、熱いごはんにのせてどうぞ。
牛肉、豚肉、鶏肉などでもいいでしょう。

曙椀

鶉くわ焼き丼

材料（4人分）
うずら（開き身）　1羽×4
赤味噌　10g
生姜　10g
片栗粉　適量
サラダ油　適量
くわ焼きだれ※　200cc
ごはん　120g×4
粉山椒　少量

［くわ焼きだれ］
酒1、味醂2、濃口醤油1、たまり醤油少量
①材料をすべて合わせておく。

1 うずらの開き身を用意し、身から骨をはずす。骨は水洗いして、包丁で細かくまんべんなく叩く。
2 骨をすり鉢に入れ、におい消しに赤味噌、生姜をすり合わせる。口に少し骨の粒々が残るようにすり上げる。
3 身の内側に、片栗粉をまぶしつけて、2を塗りつける。包丁で縦、横、斜めに軽く叩いて、はがれないように押さえる。片栗粉を両面に薄くつける。
4 フライパンにサラダ油をひいて火にかけ、熱くなったら3を入れて、両面を焼く。
5 焼き上がったら熱湯をかけて油抜きする。
6 フライパンにもどし、くわ焼きだれを加えて煮からめ、一口大に切る。
7 炊きたてのごはんを盛り、残りのくわ焼きだれを適量かけて、うずらをのせる。
8 粉山椒をふって供する。

焼き牡蠣ごはん

材料（4人分）
牡蠣むき身（大）　5個×4
焼きだれ（牡蠣用）※　適量
オリーブ油　適量
ごはん　150g×4
万能ねぎ　適量
針柚子　適量

1　牡蠣に大根おろし（分量外）を加えてかき回し、生臭さをとって、水洗いする。
2　牡蠣は焼きだれにからめて1時間ほどおいて、味をなじませる。
3　フライパンにオリーブ油をひいて、強火で牡蠣を焼く。焼きだれを加えて味つけをする。
4　炊きたてのごはんを器に盛り、焼いた牡蠣をのせ、フライパンに残った焼きだれを適量かけて、小口切りにした万能ねぎを散らし、針柚子を天に盛る。

［焼きだれ（牡蠣用）］
酒1、味醂2、濃口醤油1、一味唐辛子適量
①材料をすべて合わせておく。

寒鰤つけ焼き丼

材料（4人分）
寒ぶり（切り身）　50g×4
つけ焼きだれ※　適量
ごはん　150g×4
柚子胡椒　適量

1　寒ぶりを50gの切り身にし、つけ焼きだれをからめて30分間おき、味をしみ込ませる。
2　金串を打ち、直火で焼く。少し焼き目がつきはじめたら、つけ焼きだれを4～5回ほどかけて焼き上げる。
3　炊きたてのごはんにつけ焼きだれを適量かけ、焼いたぶりをのせる。柚子胡椒を別に添える。

［つけ焼きだれ］
酒2、味醂6、濃口醤油3
①酒と味醂を合わせて火にかけて煮切り、30分間ほど弱火で煮詰める。
②アクをひいたのち、濃口醤油を加え、さらに2割ほど煮詰めて自然に冷ます。

辛子明太子ごはん 十二月

辛子明太子もたらこのようにさっとあぶると、苦みが消えてこうばしくなります。炊きたての真っ白いごはんとの相性は抜群です。

錦黒銀彩蓋向

鮪山掛け丼 十二月

まぐろはづけにして味をつけました。白身魚でも合いますが、身が活かってかたい場合は、そぎ切りにして食べやすくしてください。

根来縁布張大椀

麦飯山掛け　十二月

山いもは品種によって粘り気が違います。
だしの合わせ加減は工夫してください。
醤油ではなく味噌味をつけました。

漆椀　木製はつり亀甲片口

沢庵きんぴらごはん　十二月

たくあん漬けを炒めたきんぴらをのせた丼です。
たくあんの塩分や漬かり具合によって、塩抜きの加減、
合せだれの分量を調整してください。

染付書蛸唐草面取茶碗

辛子明太子ごはん

材料　（4人分）
辛子明太子　40g×4
ごはん　120g×4
切り海苔　適量

1　辛子明太子の表面を強火でさっとあぶる。
2　5㎜ほどの厚さに切る。
3　炊きたてのごはんを盛り、辛子明太子をのせて、切り海苔をこんもりと添える。

鮪山掛け丼

材料　（4人分）
まぐろ　60g×4
漬けだれ※　適量
山葵　適量
おろし山いも　40g×4
卵黄（生食用）　4個分
ごはん　120g×4
もみ海苔　適量

1　まぐろは小角に切る。漬けだれをからめて、1時間おいて味をなじませたのち、おろした山葵をからめる。
2　炊きたてのごはんを器に盛り、漬けだれを適量かける。
3　1のまぐろをのせて、おろした山いもをかけ、卵黄を割り落とす。
4　上からさらに適量の漬けだれをかけて、もみ海苔を散らす。

［漬けだれ］
濃口醤油3、酒2、味醂1
①酒、味醂を合わせて火にかけ、火を入れてアルコール分を煮切る。
②火を止め、濃口醤油を入れて冷ましておく。

麦飯山掛け

材料（４人分）
とろろ※　１２０ｇ×４
ブレンド米　２合
　米　４
　麦　１
水　４００cc
青海苔　適量

１　ブレンド米を洗米して、吸水させ、分量の水を仕込み、白いごはんと同じ要領で炊く。

２　ざっくりと混ぜて、器に盛り、とろろをかけて、青海苔を散らす。

［とろろ］
おろし山いも、おろし長いも各２００ｇ、だし90cc、田舎味噌40ｇ
①おろした山いもと長いもをすり鉢ですり合わせる。
②田舎味噌を加えてすり混ぜ、冷たいだしでのばす。

沢庵きんぴらごはん

材料（４人分）
たくあんきんぴら※　40ｇ×４
ごはん　１２０ｇ×４
もみ海苔　適量

１　炊きたてのごはんを器に盛り、たくあんのきんぴらをのせる。

２　もみ海苔をふって供する。

［たくあんきんぴら］
たくあん漬け１６０ｇ、胡麻油適量、合せだれ（酒1、味醂1、濃口醤油1）36cc、一味唐辛子適量、白煎り胡麻適量
①たくあん漬けは、４cm長さのせん切りにする。さっと水洗いして塩分を抜いて、軽くしぼる。
②鍋に胡麻油を多めにひき、強火でたくあんを炒める。
③合せだれを適量加えて炒りつけて、一味唐辛子と白煎り胡麻を適量ずつ混ぜる。使用するたくあん漬けの塩分によって、合せだれの分量を調節すること。

赤飯玉地蒸し　一月

赤飯を中に入れた玉子蒸しです。
赤飯に味つけしていないので、玉地は茶碗蒸しの地よりも、
少し濃いめに味つけしてください。
お祝いの席の凌ぎや蒸し物としても使えます。

瓔珞蓋向

材料　（4人分）
赤飯（→66頁）　60g×4
玉地※　120cc×4
銀餡※　45cc×4
生姜　適量
軸三つ葉　適量

1　茶碗蒸しの器の中央に、赤飯を小高く盛り、玉地を注ぐ。蓋についた蒸気が落ちないように、中に布巾をかけて、中火で10〜12分間蒸す。蓋つきの器ならば蓋をして蒸す。
2　生姜をしぼった銀餡をかけて、色よくゆでた軸三つ葉を散らす。

［玉地］
卵1、だし4、淡口醤油少量、味醂微量
①卵を割りほぐして、指定の割合のだし、淡口醤油、味醂を加える。

［銀餡］
だし180cc、塩0.8%、味醂微量、淡口醤油微量、酒微量、吉野葛適量
①だしを熱し、塩、微量の味醂を加えて、水で溶いた吉野葛でとろみをつける。
②味を確認して、それぞれ微量の淡口醤油と酒を加えて味を調える。

春野菜ちらしずし　三月

ひな祭りや誕生日などのお祝いに最高のおもてなしです。個別に出すときは、ごはんを切り分けてから具を盛りつけたほうが美しくなります。

朱塗り盛皿　はらん

春野菜ちらしずし

材料　（4人分）
椎茸甘露煮※　2枚
黒豆蜜煮※　8粒
菜の花　8本
わらび※　8本
苺　3個
紅白花弁野菜※　各8枚
生姜甘酢漬け※　12切れ
蓮根甘酢漬け※　8枚
錦糸玉子（↓36頁）　適量
にんじんジュースごはん　以下を600g
　米　2合
　酒　18cc
　にんじんジュース　90cc
　水　270cc
ちらし用すし酢
　酢　36cc
　砂糖　30g
　旨塩　6g
白煎り胡麻　適量
もみ海苔　適量
木の芽　適量

1　にんじんジュースごはんを炊く。米は洗米し、吸水させて、水、にんじんジュース、酒を仕込んで炊く。炊き上がったら飯台に移し、ちらし用すし酢（材料をよく混ぜ合わせる）を切り混ぜてすし飯をつくる。
2　すし飯にもみ海苔、白煎り胡麻を混ぜ、セルクルに詰めて、ふんわり丸く型をとる。
3　錦糸玉子を敷き詰めて表面をおおい、そのほかの具材をいろどりよく盛りつける。木の芽を散らす。
4　提供時はケーキのように切り出して取り分ける。

［椎茸甘露煮］

干椎茸適量、もどし汁6、砂糖1.2、濃口醤油1、味醂0.5、たまり醤油少量

①干椎茸を少量の砂糖（分量外）を加えた水でもどす。もどし汁とともに火にかける。
②指定の割の砂糖、濃口醤油を少しずつ加えて煮詰める。最後に味醂、たまり醤油を加えてつやを出す。
③冷めたら薄切りにする。

［黒豆蜜煮］

黒豆1kg、水4リットル、還元鉄、重曹、塩各大さじ1、砂糖蜜（水4リットル、ざらめ糖1kg）、濃口醤油54cc

①黒豆は還元鉄、重曹を加えた水に一晩浸しておく。そのまま大鍋に移して塩を入れて沸かす。沸騰したら豆がわずかに動くくらいの火加減で、途中さし水をしながら4時間煮る。
②豆がやわらかくなったら水にさらす。ふたたび水を入れた鍋に豆を移して火にかけ、アクをひきながら沸騰しないくらいの火加減で30分間ゆでる。水にさらし、皮が破れた豆を除く。
③蒸し器に広げ、30分間蒸して水抜きをする。
④砂糖蜜の中に豆を入れて火にかける。煮立ったら火を弱めてアクをひき、紙蓋をして煮含めたのち自然に冷ます。冷めたら再び火にかける。これをくり返す。3回目の火入れのときに、濃口醤油を加えて自然に冷ましてでき上がり。

［菜の花］

菜の花適量、塩適量

①菜の花は塩を一つまみ加えた熱湯でゆでる。

［わらび］

わらび（アク抜き→30頁）、八方だし（だし10、味醂1、淡口醤油1）、追いがつお

①八方だしを熱し、アク抜きしたわらびを入れて一煮立ちさせる。追いがつおをし、鍋ごと冷ます。

［紅白花弁野菜］

うど適量、にんじん適量

①うどとにんじんを花びらにかたどって、薄くむく。水にさらしてぱりっとさせる。

［生姜甘酢漬け］

新生姜適量、塩少量、甘酢（水5、酢2、砂糖1.5、塩少量）

①新生姜の皮をこそげ取る。ごく薄くスライスして熱湯の中で泳がせ、水をきる。薄塩をふって、冷風で冷ます。
②酢洗いしたのち甘酢につけて一晩おく。

［蓮根甘酢漬け］

蓮根適量、酢、塩各少量、甘酢（水5、酢2、砂糖1.5、塩少量）、爪昆布、タカノツメ各少量

①蓮根は花形にむく。酢を入れた熱湯で歯応えが残るようにゆで、ザルに上げて塩をふる。
②甘酢に爪昆布とタカノツメを加え、蓮根を入れて一晩漬ける。使用時薄切りにする。

すずき粽ずし

五月

すずきに限らず、鯛や海老、ソフトサーモンなどでつくってみてください。

薄箔七寸ボール　蓬　しだ

初鰹海苔巻き

五月

かつおのづけの海苔巻きです。巻いてすぐに食べるときには、一番摘みのやわらかい海苔を、しばらくおく場合には、二〜三番摘みのかたい海苔を使います。

粉引格子長角皿

夏野菜サラダずし

八月

元気の出るようないろどりのよい夏野菜を使ったサラダ風のすしです。冷たいめんに同じ具を盛りつけても、食がすすみます。

クリスタル中空鉢

すずき粽ずし

材料（4人分）

すずき昆布締め　20g×8
　すずき（上身）　160g
　塩　適量
　昆布　適量
すし飯（→12頁）　30g×8
木の芽　5g
えびす笹、いぐさ、よもぎ

1　すずきの上身を二枚に薄く開き、塩をあてて昆布ではさみ、3時間ほどおく。

2　すし飯に包丁で刃叩きした木の芽を混ぜ合わせる。

3　昆布締めしたすずきをそぎ切りにする。すし飯を円錐形ににぎってすずきの上にのせ、えびす笹で包んで、よもぎを飾っていぐさで結わき、粽をつくる。

初鰹海苔巻き

材料（4人分）

かつお　60g×4
漬けだれ（→100頁）　適量
ごはん　120g×4
大葉　4枚
花茗荷　6個
海苔　4枚

1　かつおを節おろしにして、血合いをそぎ取る。皮を引き、上身にする。

2　5㎜ほどの厚さの平造りにして、漬けだれにからめて1時間ほどおく。

3　海苔の1／3を切り落とす。残りの2／3を巻き簾の上において、ごはんを広げ、大葉を横一列に並べる。

4　2のかつお、みじんに刻んだ花茗荷を均等に並べて海苔巻きをつくる。

5　一口大に切り出して盛りつける。

夏野菜サラダずし

材料（4人分）
ミニトマト（赤、黄）　8個
レタス　2枚
胡瓜　1本
かいわれ菜　適量
塩　適量
ドレッシング※　適量
生ハム　8枚
スモークサーモン　12枚
酢橘（半月切り）　12枚
すし飯（→12頁）　120g×4
白煎り胡麻　適量
もみ海苔　適量

1　ミニトマトはヘタを取り、半分に切る。
2　レタスは水洗いして水気をきり、一口大にちぎっておく。
3　胡瓜は小口切りにして、薄塩をして、軽く塩もみしておく。
4　かいわれ菜は水洗いして切りそろえる。
5　生ハムとスモークサーモンは食べやすい大きさに切る。
6　すし飯に白煎り胡麻を切り混ぜる。鉢に盛り、もみ海苔を散らす。ドレッシングでさっと和えた野菜を盛り、生ハム、スモークサーモン、酢橘をいろどりよく散らす。

［ドレッシング］
オリーブ油1、濃口醤油1、酢橘果汁1
①材料をよく混ぜ合わせる。

二色万願寺唐辛子ずし　七月

万願寺唐辛子の香りと山葵の香味をいただく夏らしいおすしです。
パプリカやピーマンなどで代用してもいいでしょう。

真珠ラスター新舟形皿

梅紫蘇にぎり大葉しそ包み　六月

梅紫蘇の量は、塩分と好みで調整してください。
梅紫蘇にかぎらず、いろいろな漬け物を刻んで混ぜ込み、
季節の味を楽しんでください。

クリスタル足付変形皿

鱧にぎりずし 梅肉大葉しそ包み 六月

酸味と大葉の香りが夏らしいさわやかなすしです。
白身魚や酢締めした魚、あるいはつけ焼きした魚などでもためしてみてください。

クリスタル変形皿

鱧ずし 八月

はもは関西では夏の風物詩。
スーパーマーケットでもおなじみの食材です。

クリア角鉢

二色万願寺唐辛子ずし

材料（4人分）

万願寺唐辛子（赤、緑）　各1本×4
すし飯（→12頁）　50g×8
白煎り胡麻　適量
山葵　適量

1　二色の万願寺唐辛子それぞれに縦の切り目を入れて、そこから種を取り除く。薄塩をして、弱火でこげめがつかないよう、しんなりする程度に焼く。
2　すし飯に白煎り胡麻を切り混ぜる。
3　万願寺唐辛子の内側におろし山葵を塗って、すし飯を包み込み、形を整える。
4　食べやすい大きさに切り出して盛りつける。

梅紫蘇にぎり大葉しそ包み

材料（4人分）

梅紫蘇（→21頁22）　30g
ごはん　25g×12個
山葵　適量
大葉　12枚

1　梅紫蘇を適当に刃叩きして、ごはんに混ぜる。
2　俵形ににぎり、おろし山葵を少量つけて、大葉で包む。

鱧にぎりずし 梅肉大葉しそ包み

材料（4人分）
はも（焼き霜） 15g×12
すし飯（↓12頁） 12g×12
山葵 適量
梅肉（↓79頁） 適量
大葉 12枚

1 はもは水洗いして腹開きにする。中骨、ヒレを取り除いて骨切りする。

2 まず、はもの皮目をバーナーでこうばしく焼く。身側もさっとあぶって、焼き霜造りにする。15gの一口大に切り分ける。

3 はもの皮目におろし山葵をつけて、にぎりずしをつくり、すしの中心に梅肉を適量落とし、大葉ではさんで盛りつける。

鱧ずし

材料（4人分）
はも 1尾
焼きだれ※ 適量
すし飯（↓12頁） 120g×4

白煎り胡麻 大さじ2
煮ツメ※ 適量
粉山椒 少量
はじかみ※ 2本×4

1 はもは腹開きにして、中骨、ヒレを取り除く。身に細かく包丁を入れて骨切りし、串を打つ。焼きだれをかけながらつけ焼きにする。

2 すし飯に、白煎り胡麻を混ぜる。

3 かたくしぼったサラシの上に、皮目を上に向けてはもをおき、すし飯を棒状にとってのせ、サラシで巻き締めて棒ずしをつくる。

4 ラップフィルムで巻きなおして切り出し、フィルムをはずす。煮ツメを塗って粉山椒を少量ふる。はじかみを添える。

［焼きだれ］
酒2、味醂6、濃口醤油3、はもの頭と中骨2尾分
①はもの頭と中骨をこんがりとこうばしく焼く。
②酒と味醂を火にかけて煮切り、はもの頭と中骨を加えて、弱火で30分間ほど煮出す。アクをひいて、濃口醤油を加え、2割ほど煮詰めて自然に冷ます。
③冷めたら漉して用いる。

［煮ツメ］
焼きだれ1、煮切り酒4、吉野葛適量
①焼きだれと煮切り酒を合わせて熱し、水で溶いた吉野葛を少量加えて濃度をつける。

［はじかみ］
谷中生姜適量、塩少量、甘酢（水3、酢2、砂糖1、塩少量）適量
①谷中生姜を布巾でしごいて、薄皮をこそげ落とす。
②軸を持って、根の部分を熱湯でさっとゆでる。少しあとから全体を熱湯に入れる。軸が赤くなったら、ザルに上げて薄塩をあてて冷ます。
③甘酢は材料を混ぜ合わせて準備しておく。生姜が冷めたら甘酢につける。

鮎姿ずし　八月

あゆの美しい姿を生かしてつくったすし。
山女魚や岩魚、さんまなど、手頃な大きさの姿の美しい魚でつくってみてください。

クリスタル変形皿　蓼の葉

鰻山椒煮笹巻きごはん　七月

このままでもいいですが、蒸して供してもいいでしょう。
穴子、はもなどで代用してもおいしいです。

華唐草龍紋兜皿

秋刀魚棒ずし

九月

九月には新さんまが出回ります。
塩焼きもいいですが、
ほどよく酢で締めると、
残暑でもさっぱり食べられます。
あじやさば、いわし、
太刀魚などもいいでしょう。

変形長皿　畠山　楓

鮎姿ずし

材料　（4人分）
あゆ（1尾60g）　1尾×4
稚あゆ　2尾×4
塩、酢　各適量
すし飯（→12頁）　100g×4
蓼の葉　適量
吉野酢※　適量
はじかみ（→113頁）　4本

1　あゆと稚あゆはヒレを切り取って腹開きにし、水洗いして腹骨をすき取る。
2　身側を上に向けてザルに並べて、塩をふる。このまま30分間おく。
3　酢に2〜3分間ほど浸したのち取り出して、4〜5時間おいて酢をなじませる。
4　蓼の葉を細かく刻んですし飯に混ぜ合わせる。
5　あゆと稚あゆにすし飯を抱かせて、サラシで巻いて、形を整える。
6　稚あゆは姿のまま、あゆは食べやすい大きさに切り、吉野酢を塗って、はじかみを添える。

［吉野酢］
だし8、すし酢（酢90cc、砂糖50g、塩20g）1、吉野葛適量
①すし酢を合わせて、8倍量のだしを合わせる。
②火にかけて沸かし、水で溶いた吉野葛を加えてとろみをつける。冷まして用いる。

鰻山椒煮笹巻きごはん

材料　（4人分）
鰻山椒煮※　4本分
ごはん　30g×20個
白煎り胡麻　適量

1　ごはんを炊き、白煎り胡麻を切り混ぜる。
2　1個30gほどの大きさにまとめて、鰻山椒煮をのせて、えびす笹で三角形に包む。

［鰻山椒煮］
鰻（1本200g）4本、実山椒100g、酒3、水3、砂糖0.2、味醂1、濃口醤油1、たまり醤油0.2
①鰻は開いてヒレをすき取る。串を打って、皮面から先に焼いて白焼きにする。これを5等分の台形に切る。
②鰻を平鍋に並べて、実山椒を間に散らして交互に重ねる。鰻がつかるくらいの酒と水を注ぎ、落し蓋をして中火で20分間煮る。
③鰻の皮がやわらかくなったら、砂糖、味醂、濃口醤油の順に加える。弱火で煮て、煮汁が少なくなるまで煮詰めて、仕上げにたまり醤油を加えて味を調える。

秋刀魚棒ずし

材料　（4人分）
さんま　1尾×4
塩、酢　各適量
山葵　少量
大葉　20枚
すし飯（↓12頁）　150g×4
白煎り胡麻　15g

1　さんまを三枚におろす。べた塩をあてて30分間おいて水洗いし、酢に5～6分間つけて締める。取り出して、このまま5～6時間冷蔵庫において酢をなじませる。

2　すし飯に白煎り胡麻を切り混ぜる。

3　さんまの薄皮をはいで、形を切り整える。かたくしぼった布巾の上に、皮目を下に向けたさんまを2枚重ね、おろした山葵をつける。

4　すし飯の半分を広げ、大葉を敷く。残りのすし飯を広げてのせて二層にし、棒状に巻いて締める。

5　2本はバーナーで焼き目をつけて、残りの2本は焼かずにそのままラップフィルムで巻いて切り出し、フィルムをはずして盛りつける。

生ハムずし二種　九月

酢橘を使うと、香りがよいだけでなく、生ハムの塩分が和らぎます。

クリスタル変形皿　葛の葉

秋鯖棒ずし　十月

秋さば、寒さばといわれるように、
さばはとくに秋から冬に脂がのっておいしくなります。
鮮度のよいさばは、味をなじませる程度にさっと酢締めします。

玄釉長皿

三色焼きおにぎり　十一月

塩焼き、醤油焼き、くるみ味噌焼きの三つの味を楽しんでください。くるみのかわりに胡麻や落花生、柚子、蕗のとうの味噌もおいしいです。

箕籠　はらん

野沢菜ごはん　菜巻き　十月

野沢菜漬けだけでなく、高菜漬け、芥子菜漬け、白菜漬けなどでもおいしくできます。

茶染籠　栃の葉

生ハムずし二種

材料（4人分）

生ハム　5枚×4
山葵　少量
すし飯（↓12頁）　150g×4
花茗荷　6個
大葉　10枚
酢橘　2個

1　すし飯に小口から薄切りにした花茗荷を混ぜ、一口大に丸める。
2　生ハムにおろし山葵をつけて、1のすし飯を包む。
3　別に棒ずしをつくる。かたくしぼった布巾に生ハムを広げて並べ、おろし山葵をつけて1と同じすし飯を棒状にまとめてのせ、棒ずしをつくる。
4　ラップフィルムを巻いて、切り出す。
5　フィルムをはずし、2種の生ハムずしを盛りつけ、せん切りの大葉を天盛りにする。酢橘を添える。

秋鯖棒ずし

材料（4人分）

さば（1尾600g）　2尾
塩、酢　各適量
すし飯（↓12頁）　150g×4

1　さばは三枚におろす。
2　薄めのべた塩をあてて2〜3時間ほどおいて、身を締める。水洗いして腹骨をそぎ取って、血合い部分の小骨を抜き取る。
3　浸るくらいの酢に10分間つけて酢締めをする。酢から取り出したのち、7〜8時間冷蔵庫において、酢をなじませる。
4　薄皮をむく。ごはんになじみやすいように、皮目に縦に数本包丁目を入れる。
5　かたくしぼった布巾の上に、さばの皮目を下向きにしておき、すし飯を棒状にまとめてのせ、布巾で締めて棒ずしをつくる。
6　食べやすく切り分けて、盛りつける。

三色焼きおにぎり

材料（4人分）
くるみ味噌※　適量
濃口醤油　適量
塩　適量
おにぎり　80g×12

1　炊きたてのごはんで1個80gのおにぎりをつくる。
2　塩焼きは、1のおにぎりに塩をまぶして、強火でこうばしく焼く。
3　醤油焼きは、1のおにぎりを強火で両面を焼いて、濃口醤油をハケで全面に塗り、強火で醤油が少しこげる程度にこうばしくあぶる。
4　くるみ味噌焼きは、1のおにぎりを強火で両面を焼き、くるみ味噌を塗る。味噌をこがさないように弱火であぶる。

［くるみ味噌］
くるみ１００g、田舎味噌２００g、酒３６０cc、味醂45cc、卵黄1個分
①くるみをこうばしく煎って、すり鉢で粒が少し残るくらいにすりつぶす。
②田舎味噌、酒、味醂を混ぜて、弱火で5～6分間練る。
③卵黄を混ぜて加え、火が通ったら冷ましておく。

野沢菜ごはん　菜巻き

材料（4人分）
野沢菜漬け炒り煮※　１００g
ごはん　80g×8
野沢菜漬けの葉　8枚

1　ごはんに野沢菜漬け炒り煮を2割ほど混ぜ合わせる。
2　1個80gに丸めて、野沢菜漬けの葉で包む。

［野沢菜炒り煮］
野沢菜漬け５００g、胡麻油適量、酒36cc（1）、味醂36cc（1）、濃口醤油36cc（1）、一味唐辛子適量、白煎り胡麻25g
①野沢菜漬けは葉と茎に分ける。葉はのちほどごはんを包むときに使う。
②茎の部分を細かく小口切りにし、胡麻油で炒める。酒、味醂、濃口醤油で味を調えて、汁気がなくなるまでこがさないように炒り煮にする。
③一味唐辛子を好みの分量だけ加え、白煎り胡麻を混ぜる。調味料は野沢菜漬けの塩分によって、加減する。

三宝柑釜蒸しずし

一月

三宝柑は入手しにくいかもしれません。身近な柑橘類で代用してください。

黒土焼締め角鉢

いなりずし　二月

笹がきごぼうと黒胡麻を混ぜたすし飯でつくる、いなりずしです。三角形に詰めるので、油揚げは正方形を使います。

外見内消銀長角箱　はらん

野沢菜巻きずし　二月

野沢菜漬けのかわりに、高菜漬けでもからし菜漬けでもおいしくできます。

黒竹弁当籠　はらん

三宝柑釜蒸しずし

材料（4人分）

三宝柑　1個×4
三宝柑果肉　40g×4
砂糖　20g
塩　3g
車海老　30g×8本
白煎り胡麻　10g
ごはん　100g×4
錦糸玉子（↓36頁）　3g×4
軸三つ葉　適量

1 三宝柑は天地を3対7に切って、下側の果肉をくり抜いて釜をつくる。

2 果肉は甘皮を取り除き、小さく切る。砂糖、塩をまぶして30分間ほどおく。

3 車海老は背ワタを取り除き、のし串を打って、塩一つまみ（分量外）を加えた熱湯でゆでる。ザルに上げて、乾かないようにぬれ布巾をかけて冷ます。頭、殻を取り除いて、5～6等分に切り、薄塩（分量外）をあてる。

4 炊きたてのごはんに、三宝柑の果肉、車海老、白煎り胡麻を混ぜる。三宝柑釜に盛って、錦糸玉子を天に盛る。

5 蒸し器に入れ、強火で10分間ほど蒸して取り出し、色よくゆでた軸三つ葉を天に盛る。

いなりずし

材料（4人分）
油揚げ※ 10枚（20個分）
すし飯（→12頁） 25g×20
笹がきごぼう 50g
八方だし※ 適量
黒胡麻 10g

1 笹がきごぼうは、八方だしでさっと煮て冷ましておく。
2 すし飯に1の笹がきごぼうと黒胡麻を混ぜる。
3 油揚げを軽くしぼって、すし飯を詰めて三角形にまとめる。

［油揚げ］
油揚げ（正方形）10枚、だし10、砂糖1、味醂0.5、淡口醤油1
①油揚げは斜め半分に切る。熱湯で5～6分間ゆで、流水にとり、軽くしぼって油抜きをする。同時にすし飯を詰めやすいように油揚げを開いておく。
②だし、砂糖、味醂、淡口醤油を指定の割合で合わせて、①の油揚げを10分間ほど煮る。

［八方だし］
だし16、味醂0.5、淡口醤油1
①材料をすべて合わせる。

野沢菜巻きずし

材料（4人分）
野沢菜漬け 500g
すし飯（→12頁） 600g
白煎り胡麻 20g

1 野沢菜漬けを軽くしぼって、葉と茎に分ける。茎は細かく刻む。
2 すし飯に野沢菜漬けの茎と白煎り胡麻を混ぜ合わせておく。
3 巻き簾の上に焼海苔と同じ大きさに野沢菜の葉を広げて並べる。
4 野沢菜の葉の上にすし飯を広げて、巻きずしの要領で巻く。切り出して盛りつける。

高菜おにぎり（めはりずし）

二月

茎の部分は炒り煮（→71頁高菜ごはん）にしてから、ごはんに混ぜてもいいでしょう。

虎竹高台寺籠　はらん

材料（4人分）

高菜漬け（大）　8枚
ごはん　80g×8

1 高菜漬けは葉と茎に分ける。茎の部分は小口から細かく刻む。
2 炊きたてのごはんに、高菜の茎を混ぜる。
3 葉を手のひらに広げて、1個分の2のごはんをのせ、形よく丸めてにぎる。

第四章　雑炊・粥・茶漬け

もずく雑炊

三月

とろりとぬめりのあるもずくをたっぷり入れました。醤油餡をかけるので、雑炊の塩加減は控えめに。

材料（4人分）

塩もずく　200g
ごはん　60g×4
だし　250cc×4
旨塩　少量
醤油餡A（↓14頁）　適量

1 塩もずくは水洗いする。ほんのり塩分を残して水気をきる。
2 70℃の湯で霜ふりし、色出しして冷水にとる。水気をきって3㎝長さに切る。
3 ごはんにだしを加えて火にかける。ふつふつと沸いて、ごはんがやわらかくなったら、もずくを加える。
4 旨塩で薄味をつける。器に取り分けて熱い醤油餡をかける。

亀甲小鍋　伊羅保焜炉　木製はつり亀甲片口

山菜雑炊　四月

春の香りのする山菜入りの雑炊です。
はまぐりやあさりなどを加えてもおいしいです。

材料　（4人分）
山菜各種*　60g×4
ごはん　80g×4
だし　250cc×4
塩、淡口醤油　各適量
卵　1個×4
三つ葉　適量

*山うど、しどけ、わらび、三つ葉、かたくり、筍、せりなど。

1　わらび、筍はアク抜きしたものを用意する（↓30頁・26頁）。山菜はそれぞれ食べやすく3cmほどの長さに切っておく。
2　ごはんはザルにとり、さっと水洗いしておく。
3　だしを沸かし、山菜、ごはんを加えて、塩、淡口醤油で味を調える。
4　火を止めて溶き卵を流し、三つ葉を散らす。蓋をして30秒間蒸らす。

黄瀬戸菊蓋小鍋　飛騨焜炉

鮎雑炊　八月

ここではこうばしくあゆを焼きましたが、焼かずにそのまま使ってもいいし、腹ワタを抜かずに、丸のまま使ってもいいでしょう。

材料　（4人分）
あゆ　3尾
米　1合
合せだし　以下を全量
　だし6合（1080cc）、酒0.5合（90cc）
塩、淡口醤油　各適量
卵　2個
蓼の葉　適量

1　あゆは腹を裂いて水洗いする。串を打って、薄塩をして、強火で両面を塩焼きにする。焼くことでこうばしさが加わる。
2　土鍋に合せだしを入れて火にかける。沸騰したら1のあゆを入れて5～6分間煮て、アクをひく。あゆを取り出して、中骨、ヒレなどを取り除く。
3　洗米し、吸水させた米を土鍋に入れて、蓋をする。吹きこぼれない程度の強火で20分間炊く。
4　塩、淡口醤油で味を調え、あゆの身をもどす。溶き卵を回し入れて、蓼の葉を散らし、蓋をして1分間ほど蒸らす。

赤釉浅鍋

かぼちゃスープごはん 十一月

ほんのり甘い洋風のかぼちゃスープで煮たごはんです。
かぼちゃ以外でも、とうもろこし、さつまいも、百合根など、
甘みのある野菜ならばおいしくできます。

黒釉槌目小鍋　飴釉焜炉

材料　（4人分）

かぼちゃスープ　250cc×4
　かぼちゃ　340g
　玉ねぎ　90cc
　だし　900cc
　小麦粉　22.5g
　バター　15g
　牛乳　90cc
　塩　適量
ごはん　80g×4
塩　適量
パセリ　適量

1　かぼちゃスープをつくる。かぼちゃは皮をむいて、強火で15分間蒸す。
2　玉ねぎはみじん切りにする。油をひかないフライパンに入れて、30分間こがさないように炒めて、甘みを引き出す。
3　かぼちゃ、玉ねぎ、だしをミキサーにかけて、裏漉しする。
4　小麦粉とバターを合わせてこうばしく煎る。温めた牛乳を注ぎ、3を加えて、塩で味を調える。
5　小鍋にかぼちゃスープを入れて火にかけ、ごはんを加える。
6　5～6分間炊いて、ごはんがやわらかくなったら、塩で味を調える。
7　刻んだパセリを散らす。

蕎麦の実と湯葉雑炊　十月

蕎麦の実は水に浸すとすぐにやわらかくなります。かためがお好きな方は、水洗いのみで使うか、あるいは煮る工程の途中で加えるといいでしょう。

材料　（4人分）

蕎麦の実　30g×4
引上げ湯葉　30g×4
ごはん　50g×4
だし　180cc×4
塩　8g

味醂　10cc
淡口醤油　20cc
卵　1個×4
三つ葉　12本
柚子胡椒　少量

1　蕎麦の実は洗って、ザルに上げ、ぬれ布巾をかけて30分間吸水させる。
2　蕎麦の実とごはんにだしを加えて火にかける。蕎麦の実がやわらかくなったら、湯葉を加えて、塩、淡口醤油、味醂で味をつける。
3　ふつふつと沸いたら、卵を溶きほぐして流し入れ、ざく切りにした三つ葉を散らし、蓋をして5〜6秒間蒸らしてとじ、好みの辛さの柚子胡椒を加える。

飴釉片手鍋　台付焜炉

滑子茸味噌味リゾット風　十月

鍋料理のあとの雑炊にぴったり。味噌を加えたり、チーズを加えたりして、味の変化を楽しんでください。

材料　（4人分）

鶏もも肉　30g×4
なめこ茸　40g×4
ごはん　100g×4
だし　300cc×4
田舎味噌　30g×4
ナチュラルチーズ　100g×4

卵　1個×4
三つ葉　12本
柚子胡椒　少量

1　小鍋にだしを注ぎ、細かく切った鶏もも肉、なめこ茸を入れて熱し、田舎味噌を溶かして味噌汁をつくる。
2　ごはんを入れて炊き、ふっくらと味噌汁を含ませる。
3　汁気がなくなったら、好みのナチュラルチーズ（シュレッドタイプ）を散らし、溶きほぐした卵を流し入れ、ざく切りの三つ葉を加えて、柚子胡椒を好みの分量加える。

小鍋　飴釉角焜炉

丸雑炊　十二月

スッポンは甲羅が丸いので丸といわれています。
たっぷりの酒で煮ると決まっていますが、
このスープがとてもおいしいので、雑炊にしました。
スッポンというと女性からは敬遠されがちですが、ぜひ召し上がってみてください。

飴釉丸鍋

材料（4人分）

丸スープ※　１８０cc×4
だし　１８０cc×4
ごはん　60g×4
淡口醤油　適量
卵　1個×4
焼き餅　2枚×4
洗いねぎ　適量
生姜　適量

1　スッポン用の丸鍋を強火にかけて、充分空焼きしておく。
2　ごはんはザルに入れて、流水で洗ってほぐしておく。
3　別鍋でスッポンの身を入れた丸スープ、だしを沸かし、淡口醤油で味つけする。
4　ここに洗ったごはんを入れて煮立てる。
5　味を確認して、よく焼いた丸鍋に移す。ぐつぐつ煮立ったところに、溶き卵を流し入れ、焼き餅、洗いねぎ、しぼり生姜を数滴加えて供する。

［丸スープ］

スッポン（1杯９００g）1杯、酒９００cc、水2.7リットル、爪昆布20g

①スッポンをさばいて、70℃の湯で霜ふりし、薄皮をむいて水洗いする。
②鍋にスッポン、酒を入れて、強火にかける。沸いてきたらアクを取り除く。
③7～8分間煮て、アルコールがとんだら、水と爪昆布を入れる。
④沸騰したら弱火にし、アクを取りながら煮る。爪昆布がやわらかくなったら、途中で取り出す。
⑤40分間ほど煮て、身を取り出し、骨をはずす。
⑥スープは漉しておく。

粕汁雑炊

二月

味噌味が好きな方は、塩のかわりに味噌で粕汁に味をつけてもいいでしょう。粕汁が残ったときなどに、ぜひ雑炊にしてみてください。

槌目黒釉小鍋　黄伊羅保焜炉

材料　（4人分）

粕汁　以下を250cc×4
　酒粕（やわらかくもどしたもの）　220g
　だし　1リットル
　塩　適量
　淡口醤油、酒　各少量
　大根、にんじん　各40g
　ごぼう　60g
　椎茸　4個
　油揚げ　1枚
ごはん　60g×4
卵　0.5個×4
せり　適量
もみ海苔　適量

1　粕汁をつくる。大根、にんじんは3cm長さのせん切りにして、それぞれかためにゆでて、水引野菜（赤と白の野菜を細い棒状や紐状に切ったもの）とする。ごぼうは皮を落とさないように水洗いする。小ぶりの笹がきにし、水洗いしてアクを抜く。椎茸はせん切りにする。油揚げは3cm長さのせん切りにする。

2　だしを熱し、1の材料をさっと一煮立ちさせて、裏漉しした酒粕を溶き加える。塩で味をつけ、香りづけに淡口醤油と酒を少量加える。粕汁のでき上がり。

3　小鍋に粕汁を取り分け、ごはんを加えて火にかける。中火でごはんがやわらかくなるまで5～6分間煮る。

4　溶き卵を回し入れて、細かく刻んだせりを散らす。卵が半熟になったら取り分けて、もみ海苔を添えて供する。

蟹雑炊　十二月

蟹スープは、くさみが出ないように、甲羅や殻をこうばしく焼いてからとってください。蟹鍋のあとにつくると、スープをとる必要はありません。

材料（4人分）
蟹ほぐし身　40g×4
ごはん　60g×4
蟹スープ（→72頁）　360cc×4
塩、淡口醤油　各適量
卵　1個×4
三つ葉　適量

1　ごはんはザルに入れて、流水で洗ってほぐしておく。
2　土鍋に蟹スープを入れて、塩と淡口醤油で味つけする。ここに洗ったごはんを入れて煮立てる。
3　味を確認して、ぐつぐつ煮立ったところに、溶き卵を流し、蟹のほぐし身をのせ、三つ葉を散らす。

黒釉丼鍋　織部焜炉

山掛け粥　醤油餡掛け　十二月

あつあつのお粥に粘り気のあるとろろをかけた滋養のある粥です。甘みをつけない醤油餡で食べていただきます。

材料（4人分）
とろろ（→101頁）　90g×4
七分粥
　米　1合
　水　1260cc（7合）
醤油餡A（→14頁）　60cc×4
山葵　適量

1　七分粥を炊いて20分間ほど蒸らす（→14頁）。粥を器に盛り、とろろをかける。
2　あつあつの醤油餡を流して、おろし山葵を添える。混ぜて食べるようすすめる。

布張根来椀

小豆粥

一月

小豆の煮汁でほんのり染まったお粥です。
ここでは醤油餡をかけましたが、粥に塩味をつけて仕上げてもいいでしょう。

飴釉鍋　焜炉

材料（4人分）
小豆　25g
米　1合
水　900cc
小豆の煮汁　360cc
醤油餡A（↓14頁）　60cc×4

1　小豆は水洗いしたのち、水から火にかける。沸騰したら2分間ほどゆでる。煮汁を捨ててアク抜きをする。

2　再度小豆が充分につかるくらいの水を加えて、火にかける。沸いてきたら弱火で30分間ほど煮る。あとで粥と混ぜて再度炊くので、ほんの少しかために仕上げておく。

3　ザルに上げて煮汁と分ける。煮汁はガーゼで漉して、煮くずれした小豆を取り除く。

4　米は洗米してザルに上げる。ぬれ布巾をかぶせて30分間吸水させる。

5　熱のあたりがやわらかな鍋（土鍋、石鍋、鉄鍋など）に米を入れ、水、小豆の煮汁を加えて蓋をする。

6　強火にかける。沸騰したら吹きこぼれない程度の火加減で20分間ほど炊く。

7　次に小豆を加えて、冷めない程度の弱火にして20分間ほど蒸らす。

8　熱い醤油餡をかける。

かぶら粥　醤油餡掛け

十二月

かぶや大根、さといもなどは、米の研ぎ汁やごはんを入れてゆでると煮くずれしにくくなります。これは米のでんぷんが表面を薄い膜でおおうためといわれています。

材料（4人分）

かぶ（1個700g）　1個×4
かぶすりおろし　90g×4
七分粥
　米　1合
　水　1260cc（7合）
醤油餡A（→14頁）　60cc×4
三つ葉　適量

1　かぶは茎を少し残して、2対8に切り、実をくり抜いて釜をつくる。釜は、米の研ぎ汁でかためにゆでておく。
2　くり抜いた実は、ミキサーにさっとかけて、ザルにとって水気をきる。
3　七分粥を炊いて20分間ほど蒸らす（→14頁）。
4　粥におろしかぶ（360g）を加えて火にかける。沸いたら温めておいたかぶら釜に盛り、三つ葉を添えて、焜炉にのせて供する。熱い醤油餡をかけてすすめる。

かぶら釜　飴釉焜炉　木製はつり亀甲片口

りんご粥

二月

ほんのり甘酸っぱいお粥です。りんごはアクが回って変色しやすいので、皮をむいたら酢水でさっと洗って、直前にすりおろします。好みで塩か醤油餡をかけて召し上がってください。

材料（4人分）

七分粥
　米　1合
　水　1260cc（7合）
りんご　4個
旨塩　適量
醤油餡A（→14頁）　60cc×4

1　七分粥を炊いて20分間ほど蒸らす（→14頁）。
2　りんごの皮をむき、鬼おろし器で粗くすりおろして七分粥に混ぜる。
3　旨塩と熱い醤油餡を添えて供する。

あられ鍋　飴釉焜炉

七草粥　べっ甲餡掛け

一月

醤油餡をかけましたが、
餡をかけずに塩で味をつけてもおいしいです。

片手土鍋　焜炉

材料（4人分）

七草*　100g

塩　少量

七分粥

米　1合

水　1260cc（7合）

醤油餡A（→14頁）　60cc×4

*せり、なずな、ごぎょう、はこべら、ほとけのざ、すずな、すずしろ。

1　七草は塩少量を加えた熱湯で、色よくゆでて、細かく刻んでおく。

2　七分粥を炊いて20分間ほど蒸らしたのち（→14頁）、七草を混ぜる。

3　熱い醤油餡をかける。

新生姜茶漬け

五月

春から初夏にかけて、さわやかな香りと辛みのある新生姜が出回ります。
この時季の生姜を使ったお茶漬けです。
辛煮はつくりおきしておくと弁当などにも便利です。

白釉金散茶碗　急須

材料（4人分）

新生姜辛煮※　10g×4
ごはん　80g×4
白切り胡麻　適量
ぶぶあられ　適量
もみ海苔　適量
三つ葉　適量
緑茶　１２０cc×4

1　炊きたてのごはんを茶碗に盛る。新生姜辛煮、白切り胡麻、ぶぶあられ、もみ海苔、刻んだ三つ葉をごはんの上に盛る。

2　熱い緑茶をかける。

［新生姜辛煮］

新生姜２００g、酒90cc、味醂54cc、濃口醤油54cc

①新生姜の表面をタワシなどでこすって皮をこそげ取る。3～4cm長さのマッチ棒の太さに切って、さっと水洗いし、水気をきっておく。
②鍋を熱し、生姜を入れてさっと煎り、酒、味醂を加えてからめ、濃口醤油を加えて強火で炒り煮にする。

桜鯛茶漬け　三月

胡麻醤油に漬けた鯛の切り身をのせて、さっぱりと熱い緑茶をかけました。ほかの魚の刺身でも試してみてください。

材料（4人分）

鯛　40g×4
胡麻醤油※　全量
ごはん　80g×4
ぶぶあられ　適量
軸三つ葉　適量
切り海苔　適量
山葵　適量
緑茶　120cc×4

1　鯛を1切れ8gのそぎ切りにし、胡麻醤油にからめる。
2　炊きたてのごはんを茶碗に盛り、鯛をのせてぶぶあられ、刻んだ軸三つ葉、切り海苔、おろし山葵を添える。
3　別に熱い緑茶を添えてすすめる。

［胡麻醤油］
白煎り胡麻60g、煮切り酒20cc、濃口醤油40cc、味醂10cc
①白煎り胡麻をすり鉢で半ずりにし、そのほかの調味料をすり合わせる。

青白釉小丼　錆千段急須

白魚茶漬け　三月

旬を迎えた新鮮な白魚をさっと揚げてこうばしさとコクを出しました。白魚は5〜6cmまでのサイズがお茶漬けには食べやすいと思います。

材料（4人分）

白魚　60g×4
塩、薄力粉、サラダ油　各適量
ごはん　80g×4
旨塩　適量
ぶぶあられ　適量
軸三つ葉　適量
切り海苔　適量
山葵　適量
緑茶　120cc×4

1　白魚は水洗いして、海水程度の濃度（3%）の塩水に20分間つけたのち、水気をふき取る。
2　白魚に薄力粉を薄くまぶして、170℃のサラダ油で揚げる。
3　炊きたてのごはんを茶碗に盛り、揚げた白魚をのせて、旨塩、ぶぶあられ、細かく刻んだ軸三つ葉、切り海苔、おろし山葵を添えて、熱い緑茶とともにすすめる。

コバルトブルー飯椀

あさり山椒煮茶漬け

四月

あさりは、さっと煮て、先に取り出し、
煮汁を煮詰めてからふたたび合わせると
身がかたく締まらずにふっくら煮上げることができます。
あさりは実山椒のかわりに生姜や地芽で煮てみてください。

山かげ石目茶碗

しらす地芽煮茶漬け

四月

山椒の木の芽が育ったものを地芽といいます。
地芽をしらすとともにさっと煮てみました。
木の芽がたくさんとれる時期にぜひつくってください。

粉引呉須渦石目茶碗

材料（４人分）
あさり山椒煮※　25g×４
ごはん　80g×４
白煎り胡麻　適量
ぶぶあられ　適量
軸三つ葉　適量
切り海苔　適量
緑茶　１２０cc×４

1　炊きたてのごはんを茶碗に盛り、あさり山椒煮をのせる。
2　上に白煎り胡麻、ぶぶあられ、刻んだ軸三つ葉、切り海苔を添えて、熱い緑茶をかける。

［あさり山椒煮］
あさりむき身２００g、実山椒15g、酒90cc、味醂36cc、砂糖10g、濃口醤油36cc
①実山椒は刻んでおく。
②あさりむき身と実山椒を鍋に移し、酒、味醂、砂糖、濃口醤油を加えてさっと沸騰させたのち、ザルにとる。
③ある程度煮汁を煮詰めて、あさりと実山椒をもどし、煮汁がなくなるまで炒り上げる。

材料（４人分）
しらす地芽煮※　10g×４
ごはん　80g×４
白煎り胡麻　適量
ぶぶあられ　適量
軸三つ葉　適量
切り海苔　適量
緑茶　１２０cc×４

1　炊きたてのごはんを茶碗に盛り、しらす地芽煮をのせる。
2　白煎り胡麻、ぶぶあられ、刻んだ軸三つ葉、切り海苔を添えて、熱い緑茶をかける。

［しらす地芽煮］
しらす干２００g、地芽50g、酒２８０cc、味醂72cc、砂糖15g、濃口醤油90cc
①しらす干はさっと水洗いしてザルにとって水気をきる。
②鍋に移し、地芽を加えて、酒、味醂、砂糖、濃口醤油を加えて沸騰させる。地芽がしんなりしたらザルにとり、煮汁を煮詰める。
③しらす干と地芽をもどし、煮汁がなくなるまで炒り上げる。

初鰹焼き霜茶漬け　五月

かつおはづけにする前にさっとあぶることで、こうばしい香りがつきます。
生臭みが出ないよう、鮮度のよいかつおを使用してください。

呉須十草中丼　急須

新蓴菜と焼きすずき　冷しだし茶漬け

七月

冷茶漬けですが、ほぐれやすいよう温かいごはんでつくります。そのぶん、冷たいだしと砕いた氷で冷やします。さらさらといただくお茶漬け用なので、すずきは骨を残さないように要注意です。

金縁クリスタル蓋向　クリスタル冷茶器

初鰹焼き霜茶漬け

材料（4人分）
かつお　50g×4
塩　適量
漬けだれ（→100頁）　適量
ごはん　80g×4
白煎り胡麻　適量
ぶぶあられ　適量
大葉　適量
花茗荷　適量
切り海苔　適量
生姜　適量
緑茶　120cc×4

1　かつおは節おろしにし、血合いをそぎ取る。薄塩をふり、叩きのように焼き網で表面をさっとあぶって焼き霜にする。かつおを薄くそぎ切りにして、漬けだれをからめ、30分間以上おいて味をなじませる。
2　炊きたてのごはんを茶碗に盛る。
3　かつお、白煎り胡麻、ぶぶあられをごはんの上に散らし、せん切りの大葉、小口切りの花茗荷、切り海苔を盛り、おろした生姜を添える。熱い緑茶をかける。

新蓴菜と焼きすずき 冷しだし茶漬け

材料（4人分）
新蓴菜 40g×4
すずき塩焼き※ 20g×4
ごはん 80g×4
ぶぶあられ 適量
白切り胡麻 適量
軸三つ葉 適量
もみ海苔 適量
山葵 各適量

茶漬けだし 120cc×4
かつおだし 480cc
旨塩 小さじ1
淡口醤油 少量
酒 少量
緑茶茶葉 大さじ1
かき氷 適量

1 新蓴菜は熱湯でさっとゆで、色出しして温め、ザルに上げて水気をきる。
2 茶漬けだしをつくる。かつおだしを熱し、旨塩を加えて溶かして火を止める。淡口醤油、酒少量を加えて味を調える。
3 緑茶茶葉を加えて30秒ほど抽出し、茶漉しで漉して冷ましておく。
4 温かいごはんを茶碗に盛り、新蓴菜、すずき塩焼き、白切り胡麻、ぶぶあられ、刻んだ軸三つ葉、もみ海苔、おろし山葵を添えて、砕いた氷を入れる。冷やした茶漬けだしをかける。

［すずき塩焼き］
すずき中骨、旨塩 各適量
①すずきを刺身用に三枚におろす際、中骨にある程度身を残しておろす。ここではこの中骨を利用する。
②中骨に薄塩をして、こうばしく焼き、身をスプーンなどでこそげ取る。

梅干し茶漬け　六月

梅干しはものによって塩分がずいぶん異なります。減塩のものから、だしを使った甘口までいろいろですが、お茶漬けには、塩のみで漬けた自家製のシンプルな味が合うと思います。

幸椀　銀かすり

蓴菜と塩吹き昆布茶漬け　七月

つるりとのどごしのよい新蓴菜と塩吹き昆布を使ったさっぱりしたお茶漬けです。食欲のおちる夏におすすめです。

錦吹墨笹絵蓋物　白磁丸急須

茗荷焼き味噌茶漬け　七月

茗荷と味噌の香りのよいお茶漬けです。茗荷のかわりに新生姜などもおすすめです。
夏ならではの、ぴり辛味です。

しずく網茶碗　急須

梅干し茶漬け

材料（4人分）
梅干し　1個×4
梅紫蘇（→21頁22）　適量
ごはん　80g×4
ぶぶあられ　適量
白切り胡麻　適量
三つ葉　適量
もみ海苔　適量
山葵　適量
緑茶　120cc×4

1　炊きたてのごはんを茶碗に盛り、梅干し、白切り胡麻、ぶぶあられ、三つ葉、もみ海苔、おろし山葵を添えて、熱い緑茶をかける。
2　使用する梅干しの塩加減によって、甘塩ならば梅紫蘇を加えて調整する。

蓴菜と塩吹き昆布茶漬け

材料（4人分）
新蓴菜　40g×4
塩吹き昆布（せん切り）　10g×4
ごはん　80g×4
ぶぶあられ　適量
白切り胡麻　適量
軸三つ葉　適量
切り海苔　適量
山葵　適量
緑茶　120cc×4

1　新蓴菜を熱湯でさっとゆでる。色出しして温め、ザルに上げて水気をきる。
2　炊きたてのごはんを茶碗に盛り、新蓴菜、塩吹き昆布を盛る。ぶぶあられ、白切り胡麻、細かく刻んだ軸三つ葉、切り海苔、おろし山葵を添えて、熱い緑茶をかける。

茗荷焼き味噌茶漬け

材料（４人分）

茗荷焼き味噌※　15g×４
ごはん　80g×４
ぶぶあられ　適量
白切り胡麻　適量
軸三つ葉　適量
もみ海苔　適量
山葵　各適量
緑茶　１２０cc×４

１　炊きたてのごはんを茶碗に盛り、茗荷焼き味噌、白切り胡麻、ぶぶあられ、刻んだ軸三つ葉、もみ海苔、おろし山葵を添える。

２　熱い緑茶をかける。

［茗荷焼き味噌］

花茗荷１００g、田舎味噌１００g、酒36cc、七味唐辛子適量、サラダ油少量

①花茗荷を小口切りにして、さっと水洗いして水気をきる。
②花茗荷に田舎味噌、酒、七味唐辛子を混ぜる。バットにサラダ油を薄く塗り、上に花茗荷味噌を薄くのばす。
③弱火の天火、またはオーブンでこがさないようにこうばしく焼いて、自然に冷ます。冷めたらほぐしておく。

鮎茶漬け 八月

ここでは緑茶をかけましたが、あゆのコクを楽しみたいときには、あゆのだしで抽出した茶だし※でもいいでしょう。

一閑張黒漆椀

鱧茶漬け 八月

さっぱりと緑茶をかけましたが、上品な味のはもには、だしの旨みをきかせた茶だし※も合います。

麦わら十草茶碗

榎木茸時雨煮茶漬け　九月

醤油をきかせて佃煮風に煮ることを時雨煮といいます。おもに魚貝類を煮るのですが、ここではえのき茸を使いました。しめじや椎茸、舞茸などでもつくってみてください。

黄瀬戸茶碗　焼締め急須

鮎茶漬け

材料（4人分）
あゆ　1尾×4
ごはん　80g×4
蓼の葉　適量
ぶぶあられ　適量
旨塩　適量
緑茶　１２０cc×4

1 あゆは水洗いして三枚におろし、腹骨をすき取る。
2 身に薄塩（分量外）をして、こうばしく塩焼きにして、食べやすい大きさに切る。
3 炊きたてのごはんを茶碗に盛り、あゆをのせる。
4 旨塩とぶぶあられをふり、蓼の葉を散らす。
5 熱い緑茶をかける。

［茶だし］
あゆの頭と中骨4尾分、水５００cc、酒36cc、緑茶茶葉大さじ1
①あゆの頭と中骨をこんがりと焼く。
②①に茶漬け分の水を注いで火にかける。沸騰したらアクを取り除く。
③火から下ろして密封し、自然に冷ましてだしをとる。
④中骨と頭を取り出し、再びだしを沸かして火を止め、緑茶の茶葉を加える。
⑤これを茶漉しで漉してごはんにかける。

鱧茶漬け

材料（4人分）
はも山椒煮※　5切れ×4
ごはん　80g×4
三つ葉　適量
緑茶　１２０cc×4

1 炊きたてのごはんを茶碗に盛り、はも山椒煮を5切れほどのせる。
2 みじん切りにした三つ葉をたっぷり散らし、熱い緑茶をかける。

［茶だし］
はもの頭と中骨1尾分、水５００cc、酒36cc、昆布5cm角1枚、緑茶茶葉大さじ1
①はもの頭と中骨をこんがり焼く。
②水と1割の酒と昆布を①に加えて火にかける。昆布に爪が入るようになったら昆布を取り出し、30分間ほど中火で煮出してスープをつくる。
③スープを温めて緑茶の茶葉を加えて茶だしをつくり、茶漉しで漉す。

［はも山椒煮］
はも1kg、実山椒１００g、煮汁（酒3、水3、砂糖0.2、味醂1、濃口醤油1、たまり醤油0.2）適量
①はもは水洗いして腹開きにし、中骨、ヒレを取り除く。身に細かく包丁を入れて骨切りし、串を打つ。身側から強火で焼き、皮側も焼いて白焼きにする。
②一口大に切って鍋に並べる。1割の実山椒を加えて、酒と水を上記の割で、はもがつかる程度加えて火にかける。
③沸騰したら、中火にして、砂糖、味醂、濃口醤油、たまり醤油を加える。再び沸いたら地がなくなるまで弱火でこがさないように煮詰めて仕上げる。

榎木茸時雨煮茶漬け

材料　（4人分）

えのき茸時雨煮※　30ｇ×4
ごはん　80ｇ×4
ぶぶあられ　適量
白切り胡麻　適量
切り海苔　適量
山葵　少量
緑茶　120cc×4

1　炊きたてのごはんを茶碗に盛り、上にえのき茸時雨煮を適量のせる。
2　ぶぶあられ、白切り胡麻、切り海苔を散らし、おろした山葵を添える。
3　熱い緑茶をかける。

［えのき茸時雨煮］

えのき茸500ｇ、サラダ油少量、煮汁〔だし45cc（1）、酒90cc（2）、味醂45cc（1）、濃口醤油45cc（1）、たまり醤油45cc（1）〕

①えのき茸は石づきを切り落とし、半分の長さに切って、ほぐしておく。
②サラダ油をひいて、えのき茸を強火で炒める。煮汁を加えてさらに炒め、沸騰したらザルに上げる。
③煮汁を半量ほどに煮詰め、えのき茸をもどして、中火で煮汁を詰める。

焼きおにぎり茶漬け　十月

こうばしく醤油をかけて焼いたおにぎりに
熱いお茶をかけたお茶漬けです。
山葵のかわりに、濃口醤油に柚子胡椒や生姜、
唐辛子を溶かして塗ってもいいでしょう。

錆目立洗朱大椀

野沢菜茶漬け　十月

お茶漬け用の野沢菜の炒り煮は、少し濃いめの味でいいのですが、
汁気を残さないよう炒り上げてください。
炒り煮はいろいろな漬け物でつくれます。
山葵を柚子胡椒や生姜、唐辛子などにかえてもいいでしょう。

染付万暦高台茶碗　黒そば釉急須

子持鮎茶漬け

九月

琵琶湖産のあゆはもともと小さいのですが、その中でも特別に小さく育てた子持あゆです。
大きい場合は、少し長めに酒と水で煮て、
骨までやわらかくして食べやすく切ってから調味料で煮てください。

染付十草茶碗

焼きおにぎり茶漬け

材料（4人分）
ごはん　80g×4
濃口醤油　適量
ぶぶあられ　適量
三つ葉　3本×4
切り海苔　適量
山葵　適量
緑茶　120cc×4

1 ごはんで1個80gの三角にぎりをつくる。
2 焼き台でこうばしく網焼きにして、濃口醤油を両面に2回ずつハケで塗って焼き上げる。
3 器に焼きおにぎりを入れて、ぶぶあられ、ざく切りの三つ葉、切り海苔を散らし、熱い緑茶をかける。おろし山葵を添える。

野沢菜茶漬け

材料（4人分）
野沢菜炒り煮※　30g×4
ごはん　80g×4
ぶぶあられ　適量
切り海苔　適量
山葵　適量
緑茶　120cc×4

1 炊きたてのごはんに野沢菜炒り煮を適量のせる。
2 上にぶぶあられ、切り海苔を散らし、熱い緑茶をかける。おろし山葵を添える。

［野沢菜炒り煮］
野沢菜500g、胡麻油適量、酒、味醂、濃口醤油、たまり醤油各36cc、白煎り胡麻25g、一味唐辛子適量
①野沢菜を小口から細かく切って、胡麻油で炒める。
②酒、味醂、濃口醤油、たまり醤油を加えて味を調える。最後に一味唐辛子を好みで加え、白煎り胡麻を混ぜる。調味料の分量は、野沢菜漬けの塩分により加減する。

子持鮎茶漬け

材料（4人分）

子持鮎山椒煮※　2尾×4
ごはん　80g×4
ぶぶあられ　適量
三つ葉　適量
緑茶　１２０cc×4

1　炊きたてのごはんに子持鮎山椒煮をのせて、ぶぶあられ、刻んだ三つ葉を散らす。

2　熱い緑茶を添えて供する。

［子持鮎山椒煮］

あゆ（子持ち・琵琶湖産）1kg、実山椒１００g、煮汁（酒3、水3、味醂1、濃口醤油1、たまり醤油1）適量

①あゆの腹に切り目を入れて、裏面から押し上げて子をせり出すようにして、踊り串を打つ。

②ヒレをこがさないように注意して素焼きにする。

③広口鍋の鍋底に竹皮を裂いて敷き、煮詰めるときにこげないようにして、あゆを並べて、実山椒を入れる。落し蓋をして、あゆが動かないくらいの重石をして、落し蓋がつかるくらいの酒（3）と水（3）を注ぐ。

④③の水位の2倍ほどの水（分量外）を入れ、強火にかける。沸騰したら、中火にして、骨がやわらかくなるまで、2時間ほど煮る。

⑤骨がやわらかくなったら、味醂（1）を加え、濃口醤油（1）、たまり醤油（1）の順に加え、煮汁がなくなるまで、弱火で煮詰めて仕上げる。

鮭茶漬け　十一月

塩鮭に塗った胡麻油のこうばしい香りがポイントです。
塩鮭の塩分が薄かったら、塩を加えて調整してください。

手造染付宝尽くし茶碗

からすみ茶漬け　十一月

ねっとりしたカラスミは、
こうばしさを出すために片面だけさっとあぶります。
端のほうはおろしたり、あられに切って使ってください。

金襴手蓋向

蕗の薹天茶漬け　一月

蕗のとうは花のように広げて揚げてください。天ぷらにすると、苦みがやわらぎます。たらの芽やこしあぶらなど香りのある山菜も合います。

四ツ椀　白磁茶注ぎ

鮭茶漬け

材料（4人分）

塩鮭　25g×4
胡麻油　少量
ごはん　80g×4
ぶぶあられ　適量
三つ葉　適量
切り海苔　適量
山葵　適量
緑茶　120cc×4

1 塩鮭に串を打って、胡麻油を両面に塗る。強火でこうばしく焼く。

2 炊きたてのごはんを茶碗に盛り、塩鮭、ぶぶあられ、刻んだ三つ葉、切り海苔、おろし山葵を添えて、熱い緑茶をかける。

からすみ茶漬け

材料（4人分）

カラスミ　20g×4
ごはん　80g×4
ぶぶあられ　適量
三つ葉　適量
切り海苔　適量
山葵　適量
緑茶　120cc×4

1 カラスミは薄切りにして、片面を強火であぶる。

2 炊きたてのごはんを茶碗に盛り、カラスミ、すりおろしたカラスミ、ぶぶあられ、刻んだ三つ葉、切り海苔、おろし山葵を添えて、熱い緑茶をかける。

3 カラスミの塩分が薄めならば塩を加えて調整する。

蕗の薹天茶漬け

材料（4人分）

蕗の薹天ぷら
- 蕗のとう　2個×4
- 天ぷら薄衣※　適量
- サラダ油　適量

ごはん　80g×4
塩　適量
ぶぶあられ　適量
軸三つ葉　適量
もみ海苔　適量
山葵　適量
緑茶　120cc×4

1 蕗の薹天ぷらをつくる。蕗のとうは花弁のように広げて、天ぷら薄衣をつけて170℃のサラダ油で揚げる。

2 炊きたてのごはんに天ぷらを盛り、塩、ぶぶあられ、刻んだ軸三つ葉、もみ海苔を適量散らして、おろした山葵を添える。

3 熱い緑茶をかける。

［天ぷら薄衣］

冷水180cc、卵黄1／2個分、薄力粉90g

①薄力粉はふるいにかけて冷蔵庫で冷やしておく。
②冷水に卵黄を加えてよく混ぜ、粘りが出ないように薄力粉を手早く混ぜる。

蕗の薹茶漬け　一月

蕗のとうのほろ苦さを楽しむ、大人向きの味です。

高山寺幸福椀

高菜茶漬け　二月

高菜の炒り煮は、まとめてつくっておくと
常備菜としても重宝します。
高菜漬けの塩分が強い場合は、
水洗いしてかたく絞ってから炒めます。

椿絵茶碗　麦わら急須

辛子明太子茶漬け　十二月

辛子明太子は、こうばしくあぶってください。
生のままとは一味違うお茶漬けになります。

みじん唐草茶碗

牡蠣茶漬け　十二月

牡蠣は汁気がなくなるまで、きっちりと煮詰めて
味を煮含ませておけば日持ちがします。

玄釉茶碗

蕗の薹茶漬け

材料（4人分）
蕗の薹辛煮※　3個×4
ごはん　80g×4
ぶぶあられ　適量
軸三つ葉　適量
もみ海苔　適量
山葵　適量
緑茶　１２０cc×4

1　蕗の薹辛煮は半分に切る。炊きたてのごはんを盛り、辛煮をのせる。
2　ぶぶあられ、刻んだ軸三つ葉、もみ海苔を散らして、おろした山葵を添え、熱い緑茶をかける。

［蕗の薹辛煮］
蕗のとう５００g、サラダ油適量、煮汁（水90cc、酒90cc、味醂90cc、濃口醤油90cc、たまり醤油90cc）
①蕗のとうは１６０℃のサラダ油で揚げる。たっぷりの熱湯をかけて油抜きし、1個ずつ軽くしぼる。
②鍋に蕗のとうを並べ、合わせた煮汁を注ぐ。火にかけて沸騰したら弱火にし、煮汁がなくなるまで煮詰める。
③バットなどに並べ、風をあてて表面だけを乾燥させる。

高菜茶漬け

材料（4人分）
高菜炒り煮（→71頁）　30g×4
ごはん　80g×4
ぶぶあられ　適量
三つ葉　適量
切り海苔　適量
緑茶　１２０cc×4

1　炊きたてのごはんを器に盛り、高菜炒り煮をのせる。
2　ぶぶあられ、刻んだ三つ葉を散らし、切り海苔を添える。
3　熱い緑茶をかけて供する。

辛子明太子茶漬け

材料（4人分）
辛子明太子　25g×4
ごはん　80g×4
ぶぶあられ　適量
三つ葉　適量
切り海苔　適量
緑茶　120cc×4

1　辛子明太子は、強火で表面をさっとあぶって、5㎜程度の厚さに切る。
2　炊きたてのごはんに辛子明太子をのせて、ぶぶあられ、ざく切りにした三つ葉、切り海苔を散らす。
3　熱い緑茶を添えてすすめる。

牡蠣茶漬け

材料（4人分）
牡蠣しぐれ煮※　5個×4
ごはん　100g×4
ぶぶあられ　適量
三つ葉　適量
切り海苔　適量
生姜　適量
緑茶　150cc×4

1　炊きたてのごはんに牡蠣しぐれ煮を5個ずつのせる。
2　ぶぶあられ、ざく切りにした三つ葉、切り海苔を散らし、おろした生姜を添える。
3　熱い緑茶を添える。

［牡蠣しぐれ煮］
牡蠣むき身400g、生姜40g、水90cc、酒36cc、味醂18cc、濃口醤油18cc、たまり醤油18cc
①牡蠣に塩と大根おろし（分量外）を加えてかき回し、生臭さをとって水洗いする。
②熱湯にさっとくぐらせて冷水にとり、霜ふりをする。
③牡蠣、せん切りにした生姜、水、酒、味醂を合わせて火にかける。
④煮立ったら中火にして、濃口醤油、たまり醤油を加える。すぐに弱火にして、ゆっくり煮詰める。
⑤汁気が煮詰まるまで炒り上げる。

スモークサーモン茶漬け　二月

ここでは生のスモークサーモンにピリ辛のラー油醤油を塗ってこうばしく焼きましたが、甘塩の塩鮭を使っても同様においしくつくれます。

材料（4人分）

スモークサーモン　25g×4
ラー油醤油※　適量
ごはん　80g×4
ぶぶあられ　適量
三つ葉　適量
もみ海苔　適量
山葵　適量
緑茶　120cc×4

1　スモークサーモンを切り身にし、串を打つ。中火であぶりながら、両面にラー油醤油を3回ずつハケで塗ってこんがり焼く。

2　炊きたてのごはんを器に盛り、焼きたてのスモークサーモンをのせ、ぶぶあられ、刻んだ三つ葉、もみ海苔を散らし、おろし山葵を添える。熱い緑茶をかける。

［ラー油醤油］

酒4、濃口醤油1、味醂1、ラー油適量

①材料をすべて合わせる。

白釉茶碗

鯖へしこ茶漬け　二月

へしこは魚の糠漬け。いわしのへしこも知られていますが、ここではさばを使ってみました。塩辛いので、分量に注意してください。

材料（4人分）

さばへしこ　4切れ×4
ごはん　80g×4
ぶぶあられ　適量
三つ葉　適量
切り海苔　適量
山葵　適量
緑茶　120cc×4

1　さばへしこはヌカ床を取り除き、2㎜程度の厚さのそぎ切りにする。三つ葉は5㎜のざく切りにする。

2　炊きたてのごはんを器に盛り、さばへしこをのせる。ぶぶあられ、刻んだ三つ葉、切り海苔を散らし、おろし山葵を添える。熱い緑茶をかける。

二色十草茶碗　ラフェラー竹型急須

第五章　めん・餅

鯛素麺　三月

色あざやかな小鯛をこうばしく揚げて、温かい素麺の上にのせました。鯛のかりっとした食感がアクセントです。食べるときは、小骨に注意してください。

黒釉角丸鍋　飛騨焜炉

材料（4人分）
小鯛（1尾300g）　1尾
塩、薄力粉、サラダ油　各適量
素麺　1束×4
昆布　10g
だし　1リットル
酒　100cc
淡口醤油　60cc
味醂　30cc
錦糸玉子（↓36頁）　卵2個分
三つ葉　適量
木の芽　20枚
七味唐辛子　適量

1　小鯛は腹ワタを抜き、うろこをかき取って水洗いする。薄塩をあてて1時間おく。

2　薄力粉を薄くまぶして、170℃のサラダ油で揚げる。たっぷりの熱湯をかけて油抜きする。

3　土鍋に昆布を敷き、小鯛、だし、酒を入れて火にかける。沸騰したら弱火にし、調味料を加えて味を調える。アクを取りながら、15分間ほど煮て、鯛の味を引き出す。昆布は爪が通るくらいまでもどったら取り出す。

4　かためにゆでた素麺を加えて、一煮立ちさせる。錦糸玉子、ざく切りの三つ葉を添え、木の芽を散らす。好みで七味唐辛子を添える。

あさりうどん　三月

あさりの旨みがきいたうどんです。あまり煮すぎると身がかたくなるので、殻が開いたら短時間で仕上げます。合せだしの塩加減は、あさりの塩分によって調整してください。

材料（4人分）

あさり　120g×4
うどん（乾麺）　60g×4
合せだし　250g×4
　だし　20
　淡口醤油　1
　酒　0.5
　味醂　0.5
三つ葉　2株
七味唐辛子　適量

1　細めのうどんをたっぷりの熱湯で少しかためにゆでる。冷水にとって、水洗いして締める。

2　合せだしの材料のだし、酒にあさりを入れて火にかける。あさりの殻が開いたら、ゆでたうどん、味醂、淡口醤油で味を調える。

3　器に盛りつけ、ざく切りにした三つ葉を盛る。好みで七味唐辛子を添える。

銀朱漆みだれ鉢　焼締小付

釜揚げよもぎうどん　四月

よもぎを打ち込んだ春のうどんを使いました。春とはいえまだ肌寒い日には、釜揚げにして温かく。普通のうどんやちゃんぽん麺でも代用できます。

材料（4人分）

よもぎうどん（乾麺）　60g×4
うどんだし　以下を250cc×4
　だし　900cc
　味醂　144cc
　煮干（頭とワタ抜き）　20g
　濃口醤油　180cc
　削り節　30g
薬味
　さらしねぎ　適量
　おろし生姜　適量
　切り海苔　適量
　白すり胡麻　適量

1　うどんだしをつくる。だし、味醂、煮干を合わせて火にかける。沸いたら濃口醤油を加えて火を止める。削り節を入れて追いがつおする。自然に冷まし、漉して使用する。

2　たっぷりの熱湯を沸かし、よもぎうどんを5分間ほどゆでる。

3　桶に盛って熱湯を注ぐ。

4　うどんだし、薬味を添えて供する。

煤桶　刷毛目小茶碗　桜絵洞型皿

はまぐりめん

五月

はまぐりをうどんだしでさっと煮て、おいしいだしをとりました。細めのうどんを合わせてください。

黒漆高台椀

材料 (4人分)

小はまぐり 5個×4

稲庭うどん(乾麺) 60g×4

うどんだし 以下を250cc×4

だし 1リットル (20)

淡口醤油 50cc (1)

酒 25cc (0.5)

味醂 25cc (0.5)

三つ葉 2束

木の芽 適量

1 稲庭うどんをたっぷりの熱湯で少しかためにゆでて、冷水にとり、水洗いして締める。

2 うどんだしの材料のだしと酒、小はまぐりを鍋に入れて火にかける。はまぐりの殻が開いたら、うどんを入れて、味醂、淡口醤油で味を調える。

3 椀に盛りつけて、刻んだ三つ葉と木の芽を添える。

アボカドとオクラとろろの冷しめん

六月

素麺のかわりに、アボカドとオクラの緑色が映える
細打ちのうどんやひやむぎでもいいでしょう。
麺を太くする場合は、素麺だしの味を濃いめに調えてください。

緑色切子鉢

材料（4人分）

アボカド　1個
オクラ　2本×4
素麺　60g×4
素麺だし　以下を120cc×4
　だし　5
　味醂　0.7
　濃口醤油　1
　削り節　適量

花茗荷　適量
さらしねぎ　適量
切り海苔　適量
生姜　適量

1　アボカドは縦に切り目を入れて、両手で持って互い違いにひねって2等分にする。片側に残った種を取り除く。皮をむき、4等分にして5㎜の厚さに切る。

2　オクラはヘタを切り取って隠し包丁を入れ、塩ずりして産毛を落とす。塩一つまみ（分量外）を入れた熱湯で色よくゆでて冷水にとる。水気をきって、小口から薄切りにする。

3　素麺だしを用意する。だし、味醂、濃口醤油を合わせて火にかける。沸騰直前に火を止めて、削り節を入れて追いがつおをしてアクを引く。自然に冷まして、布で漉し、冷やしておく。

4　素麺をたっぷりの熱湯でゆでて冷水にとる。ザルにとり、冷水の中でもみ洗いしてヌメリを落として締め、氷水で冷やして水気をきって盛る。

5　アボカドとオクラを盛り、冷やした素麺だしを注ぐ。上に小口切りの花茗荷、さらしねぎ、切り海苔、おろした生姜を添える。

蓴菜と梅干しにゅうめん　六月

旬の蓴菜を使った温かい素麺です。
梅雨時は気候が定まらず、肌寒い日があります。
温かい食事で体調をととのえてください。

高山寺曙煮物椀

夏野菜おろし掛けうどん　七月

ぴりっと辛みのある夏の大根おろしでさっぱりと。
提供する直前にすりおろしてください。

青白磁楕円中鉢

太もずくの素麺炒め　七月

素麺は細いので、ゆですぎないように注意です。かためにゆでて、強火で手早く炒めてください。

ペルシャ釉舟形鉢

蓴菜と梅干しにゅうめん

材料（4人分）

新蓴菜　40g×4
梅干し　1個×4
素麺　60g×4
素麺だし　以下を２５０cc×4
　だし　18
　淡口醤油　1
　酒　0.5
　味醂　0.5
三つ葉　適量
柚子胡椒　適量

1　素麺をたっぷりの熱湯で、かためにゆでて冷水にとり、もみ洗いしてヌメリを落として締める。
2　素麺だしの材料を合わせて火にかける。沸いてきたら、素麺、梅干しをだしに入れて温めたのち、器に盛る。
3　鍋に残っただしで新蓴菜を温めて、だしとともに素麺にかける。刻んだ三つ葉を添え、好みで柚子胡椒を加える。

夏野菜おろし掛けうどん

材料（4人分）

長茄子（白、紫）　各1本
ズッキーニ　1／4本
パプリカ（赤、黄）　各1／2個
サラダ油　適量
大根おろし　60g×4
生うどん　１２０g×4
うどんだし　以下を１２０cc×4
　だし　12
　味醂　1
　濃口醤油　1
白切り胡麻　適量
さらしねぎ　適量
もみ海苔　適量
生姜　適量

1　長茄子は一口大の乱切りにする。
2　ズッキーニは薄く小口から切る。
3　パプリカも一口大の乱切りにする。
4　長茄子、ズッキーニ、パプリカを１７０℃に熱したサラダ油で素揚げにする。
5　生うどんを熱湯でゆで、器に盛り、大根おろしを添える。揚げたての野菜を盛り合わせる。
6　うどんだしを指定の割で合わせ、必要量を火にかけておく。
7　熱いうどんだしをかけて、白切り胡麻、さらしねぎ、もみ海苔、おろした生姜を添える。

太もずくの素麺炒め

材料（4人分）

太もずく　120g
素麺　50g×4
ミニトマト（赤、黄）　各12個
玉ねぎ　1／2個
オクラ　13本
オリーブ油、塩、コショウ　各適量

1 太もずくは水洗いして塩抜きしておく。

2 ミニトマトはヘタを取り、5〜6㎜厚さの輪切りにする。

3 玉ねぎはみじん切りにする。

4 オクラはヘタをとって、塩一つまみを加えた熱湯でさっとゆでて冷水にとる。斜めに切っておく。

5 オリーブ油をひいて、玉ねぎを中火で炒める。ミニトマトと太もずくを入れてさっと炒め、塩、コショウで下味をつける。

6 素麺は、熱湯でかためにゆでて水にとる。5に水気をきった素麺を入れてからめる。オクラを加え、塩、コショウで味を調え、器に盛る。

煮凍り細うどん

八月

酢橘をしぼると夏の暑いさかりでも、
さっぱりと食べることができます。
だしはひんやり冷たいゼリー状なのでうどんによくからみます。

クリスタル変形しずく鉢　染付角小皿

冷し細うどん

八月

こうばしい胡麻だれをつけていただく冷たいうどん。
合せだしの割合は、麺が細ければよくからむので薄めにし、
太ければ濃いめに加減してください。

黒銀中空鉢　長円皿　クリスタル小鉢　笹

焼きうどん秋の実餡掛け

九月

石鍋で麺の両面にこんがり焼き目をつけて、
秋の実餡をからませて召し上がってください。
うどんは太めのほうが合うでしょう。

石鍋

煮凍り細うどん

材料（4人分）
細うどん（乾麺）　60g×4
旨だしゼリー※　60cc×4
さらしねぎ　適量
切り海苔　適量
生姜　適量
酢橘　適量

1　たっぷりの湯に塩を一つまみ加えて、コシが残るように細うどんをゆでる。

2　ザルにとり、冷水の中でもみ洗いする。氷水に入れて冷やして、水気をきって器に盛る。

3　冷やした旨だしゼリーをかけて、さらしねぎ、おろした生姜を添える。別皿で切り海苔、酢橘を添えて供する。

［旨だしゼリー］
旨だし（だし16、味醂0.5、淡口醤油1、削り節適量）900cc、板ゼラチン10g
①だし、味醂、淡口醤油を合わせて火にかける。沸騰直前に火を止めて、削り節を加えて追いがつおをし、アクを取って、布で漉す。
②水でふやかした板ゼラチンを加えて溶かし、冷やし固めておく。

冷し細うどん

材料（4人分）
細うどん（乾麺）　60g×4
胡麻だれ※　60cc×4
ラー油　適量
薬味
　切り海苔　適量
　胡瓜　適量
　錦糸玉子（→36頁）　適量
　花茗荷　適量
　さらしねぎ　適量

1　たっぷりの湯に塩を一つまみ加えて、コシが残るように細うどんをゆでる。

2　ザルにとり、冷水の中でもみ洗いする。氷水で冷やし、水気をきって砕いた氷の上に盛る。

3　胡麻だれと薬味を添える。薬味は切り海苔、せん切りの胡瓜、錦糸玉子、薄切りの花茗荷、さらしねぎ。胡麻だれには好みでラー油をたらす。

［胡麻だれ］
合せだし（だし5、味醂0.7、濃口醤油1、削り節）10、白煎り胡麻1
①だし、味醂、濃口醤油を合わせて火にかけ、沸騰直前に火を止めて削り節を入れて追いがつおをし、自然に冷まして、布で漉して合せだしをつくる。
②合せだしの1割の白煎り胡麻をすり鉢でなめらかにする。ここに合せだしをすり合わせて冷やしておく。

焼きうどん秋の実餡掛け

材料（4人分）
生うどん　100g×4
秋の実餡　以下を200cc×4
　黄菊（花弁）　60g
　しめじ茸　120g
　りんご　80g
　茄子　160g
　ベーコン　80g
　サラダ油　適量
　合せだし※　800cc
　吉野葛　適量
　柚子胡椒　適量
ぎんなん　5個
枝豆　5g
サラダ油　適量
塩　適量
もって菊　少量
一味唐辛子　適量

1　生うどんを熱湯でゆでて流水でもみ洗いし、冷水で締めてコシを出す。
2　ぎんなんは殻をはずす。低温のサラダ油で色よく揚げて、薄皮をむき、薄塩をふる。枝豆は、塩ゆでしておく。
3　石鍋を充分焼いて、サラダ油をひき、ゆでたうどんを入れてこうばしく焼く。
4　秋の実餡をつくる。黄菊は花弁をはずす。酢（分量外）を加えた熱湯でさっとゆでて冷水にとり、水気をしぼる。しめじ茸は石づきを取って、分けておく。りんごは皮つきのまま薄いいちょう切りにして、塩水で洗っておく。茄子は5㎜厚さの小口切りにする。ベーコンは食べやすく切る。
5　フライパンにサラダ油を熱し、ベーコン、しめじ茸、茄子を炒める。
6　合せだしを熱し、水で溶いた吉野葛を加えて薄くとろみをつけて、5、黄菊、りんごを加えて秋の実餡を仕上げる。好みで柚子胡椒を加える。
7　熱い秋の実餡を3のうどんにかけ、ぎんなんと枝豆を散らす。もって菊の花弁を10枚ほど散らして、一味唐辛子を好みの分量加える。

［合せだし］
だし12、味醂1、濃口醤油1
①材料をすべて合わせておく。

釜揚げ月見うどん醤油餡掛け　九月

温めたうどんに熱い醤油餡をたっぷりかけました。
めんはうどん以外でもかまいません。
細めんならば、味ととろみを少し薄くしてください。

朱刷毛目大椀

焼ききしめん茸餡掛け　十月

きしめんがのびきらないように、あらかじめ茸餡を準備しておき、
手早くきしめんを焼いて、熱いうちにすぐにすすめてください。

三島丸鉢

きしめん黒豆納豆チーズ掛け　十月

黒豆納豆を混ぜたモッツァレッラチーズのソースをかけた、パスタのようなきしめんです。コシの強いめんを選んでください。

唐津木瓜形深鉢

なべ焼きうどん　十一月

肌寒い日には、ぐつぐつ煮込んだなべ焼きうどんがご馳走です。冷蔵庫などにある、いろいろな具材を入れてみてください。

キャセロール小鍋　鋳物焜炉

釜揚げ月見うどん　醤油餡掛け

材料（4人分）
卵黄（生食用）　1個×4
生うどん　80g×4
醤油餡　以下を180cc×4
　だし　10
　味醂　1
　濃口醤油　1
　吉野葛　適量
長ねぎ　適量
切り海苔　適量
柚子胡椒、ラー油、一味唐辛子など　各少量

1 生うどんを熱湯でゆでて流水でもみ洗いし、冷水で締めてコシを出す。
2 醤油餡をつくる。だしと調味料を合わせて火にかける。水で溶いた吉野葛を加えて、濃いめのとろみをつける。
3 うどんを熱湯でさっと温めて器に盛りつけ、熱い醤油餡をかける。
4 笹打ちにした長ねぎをたっぷり盛り、中央に卵黄を落として、切り海苔を散らす。
5 好みで柚子胡椒やラー油、一味唐辛子を添える。

焼ききしめん茸餡掛け

材料（4人分）
きしめん（乾麺）　80g×4
茸餡　以下を全量
　しめじ茸、舞茸　各30g
　椎茸、エリンギ茸　各20g
　きくらげ（もどしたもの）　10g
　栗　3個
　ぎんなん　6個
　合せだし※　1リットル
　吉野葛　適量
　塩、サラダ油　各適量
サラダ油　適量
塩　適量
菊花（黄菊、もって菊）　適量
柚子胡椒、溶き芥子、黒酢　各適量

［合せだし］
だし12、味醂1、濃口醤油1
①材料をすべて合わせておく。

1 きしめんは塩一つまみを加えた熱湯でかためにゆでる。冷水にとり、もみ洗いしてザルに上げて水気をきる。
2 茸餡をつくる。茸類はそれぞれ石づきを落としてばらしておく。栗は殻をはずし、渋皮をむいて蒸しておく。ぎんなんは殻をはずし、低温のサラダ油で揚げて薄皮をむく。
3 フライパンにサラダ油をひいて、茸類、栗、ぎんなんを炒めて、塩少量で薄味をつける。指定の割で合わせた合せだしを加えて沸かし、水で溶いた吉野葛を加えてとろみをつけて餡を仕上げる。
4 別のフライパンにサラダ油をひいて、きしめんをこうばしく焼く。器に盛りつけ、熱い茸餡をかける。菊花の花弁を散らして、好みで柚子胡椒や溶き芥子、黒酢を添える。

きしめん黒豆納豆チーズ掛け

材料（4人分）

黒豆納豆　1パック×4
モッツァレッラチーズ　100g×4
白ワイン　少量
きしめん（乾麺）　80g×4
ニンニク　3かけ
サラダ油、オリーブ油　各30cc
塩、淡口醤油、柚子胡椒　各適量
万能ねぎ　適量

1 サラダ油、オリーブ油を同量ずつ入れて火にかけ、黒豆納豆、モッツァレッラチーズ、白ワインを入れる。
2 チーズが溶けたら、塩、淡口醤油、柚子胡椒で味を調えてソースを仕上げる。
3 きしめんを熱湯でかためにゆでる。
4 フライパンにサラダ油、オリーブ油を同量ずつ入れて火にかけ、ニンニクのスライスを入れて炒める。
5 香りがたってきたら、きしめんを入れて炒め、塩、淡口醤油、柚子胡椒で味をつける。器に盛りつけ、あつあつのソースをかける。
6 小口切りの万能ねぎを散らす。

なべ焼きうどん

材料（4人分）

地鶏もも肉　15g×8
塩、片栗粉　各適量
はまぐり　2個×4
椎茸　1個×4
かまぼこ（薄切り）　2枚×4
菊菜白菜巻き　2個×4
　白菜　3枚
　菊菜　1束
塩　適量

長ねぎ　1本
卵　1個×4
三つ葉　1束
ゆでうどん　1玉×4
合せだし　以下を360cc×4
　だし　16
　味醂　0.5
　淡口醤油　1
柚子胡椒、一味唐辛子　各適量

1 地鶏もも肉は1枚15gのそぎ切りにして、薄塩をあてる。片栗粉をまぶして、熱湯にくぐらせ、霜ふりする。
2 椎茸は石づきを取り除いて、傘に飾り切りをする。
3 菊菜白菜巻きをつくる。白菜と菊菜は、熱湯でさっとゆでる。白菜は、水っぽくしないようにザルに上げ、薄塩をふって、冷風で冷ます。菊菜は水にとって冷まし、水気を絞る。巻簾の上に白菜を並べ、菊菜を芯にして巻いて切り出す。
4 長ねぎは1cm厚さの笹切りにする。
5 小鍋にゆでうどん、地鶏もも肉、はまぐり、椎茸、かまぼこ、白菜巻き、長ねぎを盛り、合せだしの材料を指定の割で合わせて注ぎ、火にかける。沸騰したら、卵を割り落とし、三つ葉を加えて、弱火で3分間ほど煮る。
6 好みで柚子胡椒、一味唐辛子をふる。

山掛け茶そば　十二月

山いもと卵の色が映える茶そばでつくりましたが、それ以外のそばでも結構です。

吉野亀甲煮物椀

紅白祝いそば　一月

紫蘇をさらしな粉に打ち込んだ、色鮮やかな赤い変わりそば。
お正月にぴったりの赤と白のおめでたい盛り合せです。

内黒溜塗り長角鉢　青竹薬味器　十草小鉢　南天

辛子明太子うどん　十二月

あぶった辛子明太子を餡にくずしながら食べてください。
餡が濃すぎると、食べにくいので、
吉野葛の分量を加減してください。

朱渦白山煮物椀

山掛け茶そば

材料（4人分）
おろし山いも　40g×4
卵黄（生食用）　1個×4
茶そば（乾麺）　50g×4
そばだし　以下を１８０cc×4
　だし　16
　味醂　0.8
　淡口醤油　1
万能ねぎ　適量
切り海苔　適量
七味唐辛子　適量

1　茶そばは塩一つまみを加えた、たっぷりの熱湯でゆでて冷水にとり、もみ洗いする。

2　そばだしを合わせて熱し、1の茶そばを入れ、さっと沸騰させて器に盛る。

3　おろし山いもをかけ、卵黄を割り落とし、小口切りの万能ねぎ、切り海苔を添える。別に七味唐辛子を添える。

紅白祝いそば

材料（4人分）

紫蘇そば（乾麺）　40g×4
さらしなそば（乾麺）　40g×4
そばだし　以下を60cc×4
　だし　4.5
　味醂　0.8
　濃口醤油　1
　削り節　適量
さらしねぎ　適量
切り海苔　適量
山葵　適量

1 紫蘇そばとさらしなそばは、それぞれ別に、塩一つまみを加えたたっぷりの熱湯でゆでて冷水にとる。
2 もみ洗いをしてヌメリをとり、水気をきる。
3 器に氷を敷き、南天を敷いて盛りつける。
4 薬味のさらしねぎ、おろし山葵、切り海苔とそばだしを添える。そばだしは以下の通り。だし、味醂、濃口醤油を合わせて火にかけ、沸騰直前に火を止めて、削り節を入れて追いがつおをする。自然に冷まして、布で漉す。そばだしはそばが太めならば濃いめに、細めならば薄めに調整する。

辛子明太子うどん

材料（4人分）

辛子明太子　30g×4
生うどん　100g×4
葛餡　以下を250cc×4
　だし　18
　味醂　0.5
　濃口醤油　1
　吉野葛　適量
万能ねぎ　適量
もみ海苔　適量

1 生うどんは塩一つまみを加えた、たっぷりの熱湯でゆでてザルにとる。
2 葛餡をつくる。だしと調味料を合わせて火にかける。沸いたら、水で溶いた吉野葛を入れてとろみをつけて餡を仕上げる。
3 葛餡を温めて、熱いうどんを入れる。さっと沸騰させて器に盛る。
4 ほぐした辛子明太子を盛って、小口切りの万能ねぎ、もみ海苔を添える。

小田巻き蒸し　蕗の薹餡掛け

二月

小田巻き蒸しとは、うどんが入った茶碗蒸しのことです。玉地は、使用する卵の質によって、固まる力が違います。適宜かたさを調整してください。

かんな彫雑碗

染付福字丸皿

焼き餅三種

一月

三つの味が楽しめる焼餅です。
いつもの焼き餅にあきたら、試してください。
蕗の薹味噌がかたいときは、
煮切り酒でやわらかくのばすと使いやすくなります。

小田巻き蒸し　蕗の薹餡掛け

材料（4人分）
ゆでうどん　60g×4
鶏もも肉　15g×4
濃口醤油　少量
ぎんなん（むき）　2個×4
八方だし※　適量
才巻き海老　1尾×4
塩　少量
かまぼこ（赤）　4切れ
玉地　以下を180cc×4
　卵　3〜4個
　だし　600cc
　淡口醤油　30cc
　味醂　3cc

蕗の薹餡※　45cc×4
軸三つ葉　適量

1　鶏もも肉は15gの切り身にして、濃口醤油を少量からめて、下味をつける。
2　ぎんなんは熱湯でゆでて、重曹一つまみ（分量外）を加えて薄皮を取り除く。八方だしで煮て、下味をつける。
3　才巻き海老は頭と殻をはずし、背ワタを取り除いて霜ふりする。薄塩をふって下味をつけておく。
4　かまぼこは薄切りにする。
5　玉地の材料を混ぜ合わせる。うどんに味つけしていないので、茶碗蒸しより少し濃いめに味をつける。
6　茶碗の中央にうどんを盛り、すべての具材を入れて、玉地を注ぐ。蒸気が落ちないように布巾をかけて、中火で10〜12分間蒸す。蓋つきの器ならば蓋をして蒸す。
7　蕗の薹餡をかけて、色よくゆでた軸三つ葉を散らす。

［八方だし］
だし12、淡口醤油1、味醂0.5
①だしと調味料を合わせる。

［蕗の薹餡］
蕗のとう8個、サラダ油適量、合せだし（だし18、味醂0.5、淡口醤油1）180cc、吉野葛適量
①蕗のとうは160℃のサラダ油で揚げて、熱湯をたっぷりかけて油抜きする。
②軽くしぼって小口切りにする。
③合せだしの材料を指定の割で合わせて熱し、水溶き吉野葛を加えてとろみをつける。
④蕗のとうを加えて餡を仕上げる。

焼き餅三種

材料（4人分）

切り餅（1枚50g） 3枚×4
柚子胡椒醤油※ 40cc
胡麻塩だれ※ 40cc
蕗の薹味噌※ 適量
焼海苔（4cm×8cm） 12枚

1 切り餅は弱火でこんがりと焼く。
2 柚子胡椒醤油、胡麻塩だれ、蕗の薹味噌を用意する。それぞれを焼いた餅に一度つけたらあぶり、もう一度つけてあぶってこうばしく焼く。
3 長方形に切った焼海苔ではさむ。

［柚子胡椒醤油］
濃口醤油40cc、柚子の皮2g、柚子胡椒適量
①濃口醤油と刻み柚子を混ぜて、好みの辛さの柚子胡椒を加える。

［胡麻塩だれ］
酒20cc、味醂10cc、水20cc、塩4g、昆布2g、白すり胡麻15g、ラー油適量
①酒、味醂、水、塩を火にかける。塩が溶けたら火を止めて昆布を入れて冷ます。
②白すり胡麻と好みの辛さのラー油を加える。

［蕗の薹味噌］
蕗のとう30g、田舎味噌１００g、酒54cc、味醂18cc、卵黄1個、サラダ油適量
①蕗のとうを１７０℃に熱したサラダ油で揚げる。熱湯をたっぷりかけて油抜きをする。
②水分をしぼり、粗く刃叩きして田舎味噌、酒、味醂を合わせて火にかける。
③弱火で10分間ほど練り、最後に卵黄を加えて練り上げる。

焼き餅　蕗の薹餡掛け

一月

お正月が過ぎて、お餅が残ったときにつくってみてください。
ほろ苦い蕗のとう入り醤油味の餡かけ餅です。

白掛け花蓋向

かちん蒸し

一月

焼き餅入りの茶碗蒸しです。
蕗のとうを揚げて刻んだ餡をかけました。

錦金彩二色十草蓋物

安南赤絵蓋向

磯辺焼き餅茶漬け　一月

焼餅に海苔を巻いた磯辺焼きを、お茶漬けにしました。
餅は柚子胡椒を入れた醤油でつけ焼きにして辛味をつけます。

縁銀巻き中鉢深向

揚げ餅　塩だし掛け　一月

こうばしく揚げた餅の揚げ出しです。
揚げ餅がかたくなったときは、だしをかけて蓋をして
1〜2分間蒸らしてください。

焼き餅　蕗の薹餡掛け

材料　（4人分）
切り餅（1枚25g）　3枚×4
とろけるチーズ　2枚
蕗の薹餡※　90cc×4
もみ海苔　適量
柚子の皮　適量

1　切り餅は弱火でこんがりと焼く。とろけるチーズ1枚を6等分に切って餅の上にのせ、さっとあぶってチーズを溶かす。
2　器に盛り、熱い蕗の薹餡をかけ、もみ海苔を散らし、刻んだ柚子の皮を添える。

［蕗の薹餡］
蕗のとう16個、サラダ油適量、合せだし（だし16、味醂0.8、濃口醤油1、吉野葛、柚子胡椒各適量）90cc
①蕗のとうは１６０℃のサラダ油で揚げて、たっぷりの熱湯をかけて油抜きする。軽くしぼって小口切りにする。
②餡をつくる。合せだしのだしと調味料を指定の割で合わせて熱し、沸いたら水で溶いた吉野葛を加えてとろみをつける。蕗のとう、好みの辛さの柚子胡椒を加えて餡を仕上げる。

かちん蒸し

材料　（4人分）
切り餅（1枚25g）　2枚×4
玉地※　１２０cc×4
蕗の薹餡※　30cc×4
軸三つ葉　適量

1　切り餅は弱火でこんがりと焼く。
2　茶碗蒸しの器の中心に餅を盛り、玉地を注ぐ。
3　蒸気が落ちないように鍋に布巾をかけて、中火で10〜12分間蒸す。蓋つきの器ならば蓋をして蒸す。
4　蕗の薹餡をかけて、色よくゆでた軸三つ葉を散らす。

［玉地］
卵1、だし4、淡口醤油少量、味醂微量
①卵を割りほぐして、だし、淡口醤油、味醂を加える。餅に味がないので、茶碗蒸しよりも少し濃いめに味をつける。

［蕗の薹餡］
蕗のとう4個、サラダ油適量、合せだし（だし18、味醂0.5、淡口醤油1、吉野葛適量）１２０cc
①蕗のとうは１６０℃のサラダ油で揚げて、たっぷりの熱湯をかけて油抜きする。軽くしぼり小口切りにする。
②餡をつくる。合せだしのだしと調味料を指定の割で合わせて熱し、沸いたら水溶き吉野葛を加えてとろみをつける。
③蕗のとうを加えて蕗の薹餡を仕上げる。

磯辺焼き餅茶漬け

材料（4人分）
切り餅（1枚50g）　2枚×4
焼海苔（4cm×8cm）　2枚×4
柚子胡椒醤油（→191頁）　適量
ぶぶあられ　適量
三つ葉　適量
緑茶　120cc×4
淡口醤油　4cc×4

1　切り餅を弱火でこんがりと焼く。柚子胡椒醤油をつけてあぶって、こうばしく焼き上げる。
2　長方形に切った焼海苔ではさむ。
3　磯辺焼き餅を器に盛り、ぶぶあられ、ざく切りの三つ葉を散らし、熱い緑茶をかけて、淡口醤油をたらす。

揚げ餅　塩だし掛け

材料（4人分）
切り餅（1枚25g）　3枚×4
サラダ油　適量
塩だし※　90cc×4
さらしねぎ　適量
紅葉おろし　適量
糸賀喜かつお　適量
もみ海苔　適量

1　切り餅は180℃のサラダ油でからっと揚げて揚げ餅をつくる。
2　器に揚げ餅を盛り、さらしねぎ、紅葉おろし、糸賀喜かつお、もみ海苔を盛る。熱い塩だしをかける。

［塩だし］
だし360cc、塩3g、淡口醤油少量、酒少量
①だしを熱し、塩を加え、淡口醤油と酒を少量ずつ加える。

第六章

漬け物
ごはんのおかず

漬け物

春

花山葵香味漬け　三月

黄交趾ラスター銀杏向付

花山葵　400g
旨塩　6g
酒　30cc
白煎り胡麻　適量

1 花山葵は4cm長さに切りそろえる。
2 寸胴鍋に移して、塩（分量外）を軽くふり、落し蓋をする。
3 花山葵がかくれる程度の熱湯を注ぎ、1分間おく。
4 湯を捨てて、落し蓋をはずして密封し、上下左右に1～2分間強くふる。1時間ほどこのままおくと、辛い香味が出る。
5 軽くしぼって容器に移し、酒と旨塩を混ぜ合わせて、軽い重石をのせて5～6時間おく。白煎り胡麻を混ぜて盛る。

菜の花浅漬け　三月

染付かすり渦浅鉢

菜の花　1kg（5束）
旨塩　25g
酒　30g
タカノツメ　2本

1 菜の花はたっぷりの熱湯でさっと霜ふりしてザルにとり、旨塩5gをふって、冷風で手早く冷ます。
2 軽くしぼって容器に移し、菜の花と酒と旨塩と種を抜いたタカノツメを交互に重ねる。軽い重石をのせて1日おく。
3 食べやすく切って盛る。

春きゃべつ浅漬け　三月

トルコブルー平鉢

きゃべつ　500g
塩　10g
酒　15cc
タカノツメ　2本
白切り胡麻　適量
濃口醤油　好みで

1 きゃべつはざく切りにする。芯がかたい部分は薄く笹打ちする。
2 漬け物容器に入れて、酒と塩と種を抜いた輪切りのタカノツメを入れて1日漬ける。
3 白切り胡麻を適量混ぜて盛りつける。好みで濃口醤油をたらす。

○即席の場合は、ビニール袋に入れて20～30分間おいてしんなりしたら、軽くもんですぐに食べられる。

わらび卵の花漬け 四月

白釉わらび絵丸皿

わらび（アク抜き→30頁） 500g
卵の花 500g
糸賀喜かつお 適量
塩 50g
濃口醤油 適量

1 アク抜きしたわらびと、わらびと同量の卵の花と10％の塩を交互に漬けて、重石をして1週間ほど冷暗所で保管する。
2 水洗いしてたっぷりの水につけて、ほどよく塩抜きする。
3 糸賀喜と濃口醤油をかけて供する。

筍味噌漬け 四月

染付筍向付

筍（アク抜き→26頁） 1本75g×20本
田舎味噌 1kg
一味唐辛子 5g
木の芽 適量

1 筍はゆでてアク抜きをする。姫皮を残してかたい皮をむき、縦半分に切る。
2 ザルに重ならないように並べて、4～5時間風をあてて水分を抜く。
3 田舎味噌に一味唐辛子を少量混ぜ合わせて、筍と交互に漬ける。2～3日目から食べられる。
4 薄く切って盛り、木の芽をあしらう。

○味噌は地元のものを使ったり、合せ味噌にして工夫する。

いたどり砂糖漬け 五月

青白磁

いたどり（皮をむいたもの） 200g
砂糖 50g
塩 4g

1 太くて若いいたどりの茎を用意し、両端から皮をむく。3㎝ほどの食べやすい長さに切る。
2 いたどりに砂糖、塩をまぶし、10分間ほどおくと、いたどりから酸味のある汁が出てきて、甘酸っぱく漬かる。すぐに食べられる。長時間漬けると色がくすむ。

○いたどりは芯が空洞になっている。別名スイカンポ、スカンポ。前菜や焼物のあしらいに。

新生姜酢漬け 五月

呉須錆芦絵撫角小鉢

新生姜 500g
塩 適量、甘酢※ 360cc

1 新生姜の表面をペティナイフなどでこすって皮をこそげ取る。
2 ごく薄くスライスして、さっと水洗いする。
3 たっぷりの熱湯でさっと霜ふりしてザルに上げ、薄塩をふり、手早く冷風で冷ます。
4 水気をかたくしぼって甘酢につけて一晩おく。

［甘酢］水5、酢2、砂糖1.5、塩少量
①すべてを合わせる。長期保存するときは、水、砂糖、塩を合わせて一旦沸騰させ、火を止めてから酢を入れて自然に冷ます。

夏

青梅醤油漬け　六月

かいらぎ向付

青梅　2kg
ホワイトリカー　90cc
濃口醤油　1.8リットル

1　青梅は傷のない新鮮なものを選ぶ。傷つけないようにヘタを竹串で取り除いて水洗いする。カビがはえないように水分をていねいにふいて、ホワイトリカーを霧吹きに入れて全体にふきかける。

2　容器を熱湯消毒して完全に乾かす。青梅を入れて、濃口醤油をかぶるくらい注ぐ。

3　冷暗所で1ヵ月ほど保存すると、梅からエキスが出て、香りと酸味のきいた青梅醤油になる。このまま冷蔵庫で保存する。

○青魚の煮付けに、醤油の1割ほどを青梅醤油にかえると、臭みが抜けて、さっぱりした味に仕上がる。麺つゆをつくるときも、醤油の1割ほどを青梅醤油にかえると、日持ちがしてつくりおきがきくようになり、さっぱりとした味に仕上がる。野菜の塩もみなどの漬け物にもおすすめ。

胡瓜と茗荷塩もみ　六月

染付芙蓉手浅鉢

胡瓜　200g
花茗荷　40g
旨塩　4g
白梅酢　適量
白煎り胡麻　適量

1　胡瓜は2㎜の厚さの小口切りにし、旨塩をふって30分間ほどおいてしんなりさせて軽くもむ。水分を軽くしぼっておく。

2　花茗荷は薄く小口切りにして、さっと水にさらして水気をきっておく。

3　胡瓜と花茗荷を混ぜ合わせて、白梅酢を加えて味を調える。

4　香り、味、色合いに白煎り胡麻を混ぜて盛りつける。

茄子と茗荷塩もみ　六月

花型金渕向付

茄子　200g
花茗荷　40g
旨塩　4g
大葉　2枚
青梅醤油（→青梅醤油漬け3）　適量
白煎り胡麻　適量

1　茄子は5㎜の厚さの半月切りにする。旨塩をふって30分間ほどおいてしんなりさせて軽くもみ、水分をしぼる。

2　花茗荷は小口から薄切りにし、さっと水にさらして水気をきっておく。

3　大葉はせん切りにする。花茗荷と大葉を混ぜ合わせて、青梅醤油をたらす。

4　香り、味、色合いに白煎り胡麻を混ぜ合わせて盛りつける。

秋

夏野菜ピクルス 七月

切子筒向

野菜　以下を合計1kg
ミニトマト（赤、黄）
胡瓜
パプリカ（赤、黄）
セロリ
にんじん
カリフラワー
合せ酢※　720cc
ローリエ　1枚
生姜輪切り　5枚

1 野菜を準備する。ミニトマトはヘタを取っておく。胡瓜は塩ずりして洗い、パプリカは種を取り、セロリとにんじんは皮をむいて、それぞれ食べやすい大きさに切る。カリフラワーは食べやすく小房に分ける。

2 1の野菜をすべて熱湯にくぐらせて霜ふりし、ザルに上げて冷風で冷ます。

3 合せ酢にローリエ、生姜を入れ、2の野菜を5日間ほど漬け込む。冷蔵庫で1ヵ月ほど日持ちする。

［合せ酢］酢10、砂糖5、塩0.7、タカノツメ3本

①すべてを合わせて熱し、沸騰させないように手早く混ぜて砂糖と塩を溶かす。

②溶けたら種を取り除いたタカノツメを入れて火を止めて冷ましておく。

小蕪の菊花漬け 九月

緑交趾菊菱形鉢

小かぶ（葉つき）　5個
黄菊　3パック（300g）
昆布　20g×2枚
タカノツメ　2〜3本
塩　かぶの重量の1.8%

1 黄菊は花弁をはずす。酢（分量外）を加えた熱湯でさっとゆでて冷水にとり、水気をしぼる。

2 小かぶは水洗いして、葉とかぶに分ける。

3 葉は塩を少量加えた熱湯（分量外）で霜ふりしてザルに広げて冷風をあてて冷ます。1.8%の塩をふりながら、1の黄菊の半量を交互に重ねて、重石をして12時間ほど漬ける。

4 かぶは12〜16等分に切り分けて、残りの黄菊と混ぜる。1.8%の塩をして、適当な大きさに切った昆布、タカノツメを加えて重石をして12時間ほど漬ける。

5 昆布を取り出して細く刻み、3に混ぜる。

6 かぶとかぶの葉を盛り合わせる。

かぶら漬け　九月

飴釉菱形向付

かぶの皮と葉　1kg
塩　かぶの重量の1.8%
昆布　20g×1枚
タカノツメ　2～3本

1　かぶの葉を漬ける（→小蕪の菊花漬け3）。
2　かぶの皮の1.8%の塩、昆布、タカノツメを加えて重石をして、12時間ほど漬ける。
3　昆布とタカノツメを取り除いて、ミキサーにかける。昆布は刻んで1のかぶの葉に混ぜる。
4　提供時に葉漬けを適当に切って、3をざっくり和える。

○かぶの皮は炊き合せなどでむいた皮を使用。葉のほうは、醤油漬けにしてもよい。

かぶら菜味噌漬け　九月

白磁長角鉢

かぶの葉　500g
田舎味噌　100g
味醂　9cc
ラー油　少量
花茗荷　10個

1　かぶの葉は塩一つまみ（分量外）を入れた熱湯で霜ふりしてザルにとり、冷風で冷ます。しぼって水分をふき取る。
2　田舎味噌に味醂、ラー油を加えて、かぶの葉にまぶして、5時間ほど漬け込む。田舎味噌は塩分によって分量を加減する。
3　味噌から取り出し、水洗いし、器に合わせて食べやすい長さに切る。花茗荷の小口切りを天に盛る。

かぶら菜と菊花醤油漬け　九月

染付網目輪花皿

かぶの葉　500g
黄菊　200g
漬け地　以下を360cc
　だし3、味醂0.5、濃口醤油1
白煎り胡麻　25g
ラー油　適量

1　かぶの葉は塩一つまみ（分量外）を入れた熱湯で霜ふりしてザルにとり、冷風で冷ます。3cmほどに切って水気をしぼる。
2　菊花は花弁をはずす。酢（分量外）を加えた熱湯でさっとゆでて冷水にとり、水気をしぼる。
3　かぶの葉と菊花を混ぜ合わせて、浸るくらいの漬け地に2時間漬け込む。漬け地は使用前に一旦加熱して冷ましておく。
4　だしに使用した昆布は、細切りにして3に混ぜる。白煎り胡麻、ラー油を混ぜる。

秋茗荷と水茄子菊花漬け　九月

大米四角鉢

花茗荷　100g
水茄子　500g
黄菊　150g
塩　1.5%（11・25g）
白梅酢　15cc

1　花茗荷は縦に4～6つに切る。水茄子は縦半分に切り、5mm厚さの半月切りにする。
2　黄菊は花弁をはずす。酢（分量外）を加えた熱湯でさっとゆでて冷水にとり、水気をしぼる。
3　花茗荷、水茄子を合わせ、塩を加えて、30分間おいてしんなりさせる。軽くもんで、黄菊を混ぜる。白梅酢をふりかけて、軽い重石をして、1時間ほどおく。白梅酢の分量は、塩分によって加減する。

長いも醤油漬け　十月

青華写染付木の葉向付

長いも　1kg（5〜6本）
漬け地※　500cc
昆布　1枚
タカノツメ　3本

1　長いもは皮をむいて、2〜4つ程度に切る。水洗いして水分をふき取る。
2　密封容器に長いもを入れて、つかる程度の漬け地を注ぎ、昆布とタカノツメを入れて5時間ほど漬ける。
3　取り出して食べやすく切り分けて盛る。

［漬け地］昆布だし10、濃口醤油1、たまり醤油1、味醂1
①すべてを合わせる。

○長時間漬ける場合は、漬け地の醤油を控える。昆布だしベースの漬け地を使ったが、淡口醤油で漬けてもよい。

長いも味噌漬け　十月

飴釉長角向付

長いも　1kg（5〜6本）
味噌床※　1kg

1　長いもは皮をむいて、2〜4つ程度に切る。水洗いして水分をふき取り、表面にバーナーで焼き目をつけて皮に見立てる。
2　味噌床を長いもにまぶしつけ、1日おく。
3　味噌床を落とし、食べやすく切り分ける。

［味噌床］白粒味噌500g、田舎味噌500g、一味唐辛子適量
①すべてを合わせる。

○味噌は使い慣れたものを使用する。プレーンヨーグルト、あるいは甘口のお好きな方なら甘酒を加えるのもおすすめ。

冬

白菜巻き三種　十二月

織部俎板皿

白菜漬け（→17頁）　6枚
柚子の皮　1／2個
野沢菜漬け　3本
柴漬け　50g

1　白菜漬けの根元部分をすりこぎで軽く押して、巻きやすいよう、やわらかくしておく。
2　巻き簾に白菜漬けを並べ、せん切りにした柚子の皮を芯にして巻いて、軽く締める。
3　野沢菜巻き、柴漬け巻きも同様に白菜で巻いて軽く締める。
4　食べやすく切り出して、切り口が見えるように盛りつける。

大根あちゃら漬け　一月

油滴天目平鉢

大根　200g
塩　4g（大根の2%）
甘酢※　90cc
昆布　5g
タカノツメ　3本
柚子の皮　適量

1　大根は皮をむいて拍子木に切る。薄塩をあてて2〜3時間ほどおき、水分を抜くと同時に下味つけをする。
2　大根を甘酢につけ、昆布と、種を取り除いたタカノツメを加えて一晩おく。
3　2の昆布はせん切りに、タカノツメは輪切りにし、刻んだ柚子の皮とともに混ぜる。

［甘酢］水5、酢2、砂糖1.5、塩少量
①材料をすべてよく混ぜて砂糖、塩を溶かす。

拍子木蕪柚子醤油漬け　二月

雪華浅鉢

かぶ（拍子木切り）　500g
漬け地※　全量
柚子　1個

1　かぶは拍子木に切りそろえる。皮がきれいなものは、皮つきのまま使ってもよい。
2　漬け地に直漬けし、昆布と種を取り除いたタカノツメを入れて、軽い重石をして一晩漬ける。
3　一緒に漬けた昆布のせん切り、タカノツメの小口切り、刻んだ柚子皮をかぶに混ぜて盛りつける。

［漬け地］淡口醤油90cc、柚子酢30cc、酒30cc、味醂30cc、昆布10g、タカノツメ3本
①すべてを合わせる。

大根皮醤油漬け　一月

永楽写し紫交趾獅ぼたん鉄鉢向付

大根の皮　200g
漬け地※　80cc
昆布　5g
タカノツメ　3本
柚子の皮　適量

1　大根の皮は煮物やおでんに使用したときに、皮を厚くむいたものをとっておく。
2　皮の表面に縦に切り目を入れて、一口大に切りそろえる。ザルに広げて3〜4時間風にあてて、表面の水分を抜く。
3　漬け地に、昆布、タカノツメを入れて、大根の皮を漬け、軽めの重石をして一晩おく。
4　3の昆布はせん切りに、タカノツメは輪切りにして、刻んだ柚子の皮とともに混ぜる。

［漬け地］煮切り酒0.5（10cc）、酢0.5（10cc）、味醂1（20cc）、濃口醤油2（40cc）
①すべてを合わせる。

ごはんのおかず

蕗きんぴら
四月

桜形向付

山独活当座煮
五月

呉須十文字角小鉢

かぶら菜炒め煮
九月

亀甲紋鉢

長いも梅紫蘇和え
十月

黄交趾菊形向付

長いも山葵漬け和え
十一月

木の葉皿

きのこ山葵漬け和え
十一月

藍染水滴丸皿

野沢菜山葵漬け和え
十一月

ひだすき片口向付

白菜漬け炒め
十二月

花渕錆染付向付

大根葉と皮のきんぴら
一月

梅花向付

蕗きんぴら

蕗　500g
胡麻油　72cc
合せだれ※　120cc
白煎り胡麻　適量
一味唐辛子　適量
木の芽　適量

1 蕗は4cmの長さに切りそろえて皮をむく。色のよい上部は小鉢や焚合に使い、きんぴらには根元のほうを使う。
2 さっと水洗いして水気をきる。
3 フライパンに胡麻油をひいて、強火で炒める。中火にして、合せだれを少しずつ加えながら炒りつけて味を調える。
4 好みの辛さに一味唐辛子を混ぜて、白煎り胡麻をまぶす。木の芽をあしらう。

［合せだれ］
酒30cc、味醂40cc、濃口醤油50cc
①材料をすべて合わせる。

山独活当座煮

山独活　400g
（芽200g、茎200g）
胡麻油　54cc
合せだれ※　90cc
一味唐辛子　適量
白煎り胡麻　適量

1 山独活の芽と茎のやわらかい部分は、皮つきのまま3〜4cm長さの笹打ちにする。
2 皮がかたい茎の部分は、皮をむいて縦半分に切って、5mm厚さの笹打ちにして、さっと水洗いする。
3 フライパンに胡麻油をひき、強火で芽と皮を炒める。やわらかくなったら茎を加えてさっと炒め、合せだれを少しずつ加えて味を調える。
4 好みの量の一味唐辛子を加え、白煎り胡麻を混ぜる。

［合せだれ］
酒18cc、味醂36cc、濃口醤油36cc
①すべてを合わせる。

かぶら菜炒め煮

かぶの葉（ゆでたもの）　1kg
胡麻油　適量
酒　90cc（2）
味醂　45cc（1）
濃口醤油　90cc（2）
一味唐辛子、白煎り胡麻　各適量

1 かぶの葉は塩一つまみ（分量外）を入れた熱湯で霜ふりしてザルにとり、冷風で冷ます。3cmほどの長さに切って水気をしぼる。
2 フライパンに胡麻油をひいて、強火でかぶの葉を炒める。酒、味醂、濃口醤油を加えて味を調える。
3 好みの量だけ一味唐辛子を加えて、白煎り胡麻を混ぜ合わせる。

長いも梅紫蘇和え

長いも　500g
練り梅　以下を100g
梅紫蘇（→21頁22）　50g
梅干し　10個
煮切り酒　36cc
とんぶり　適量

1 長いもは皮をむいて3cmの長さの拍子木切りにする。水洗いして水分をふき取っておく。
2 梅紫蘇、種を取り除いた梅干しを刃叩きして、煮切り酒でやわらかくのばして、練り梅をつくる。
3 長いもを練り梅で和える。盛りつけて、とんぶりを添える。
○梅干しの塩分次第で、分量を調整してください。

長いも山葵漬け和え

長いも　200g
塩　適量
山葵漬け（市販）　200g
煮切り酒　20cc

1 長いもは拍子木切りにして、ヌメリを洗い流して水分をふき取る。
2 長いもに塩をして、30分間おく。
3 山葵漬けに煮切り酒を加えて、少しやわらかくしておく。
4 長いもを山葵漬けで和える。

きのこ山葵漬け和え

雑きのこ＊　200g
山葵漬け（市販）　200g
煮切り酒　20cc
白味噌、淡口醤油　各適量
＊なめこ茸、網茸、なら茸、平茸、しめじ茸などいずれの種類のきのこでもよい。

1　雑きのこは石づきを切り取り、よく水洗いする。塩水に30分間ほどつけて、ザルに上げる。
2　きのこに淡口醤油をからませて下味をつける。アルミホイルに並べて、オーブンで15分間焼いて、冷ましておく。
3　山葵漬けに煮切り酒を加えて、少しやわらかくして、白味噌少量を加えて味を調える。
4　きのこを山葵漬けで和える。

野沢菜山葵漬け和え

野沢菜漬け　200g
山葵漬け（市販）　200g
煮切り酒　20cc

1　野沢菜漬けは、2cm長さに切って、軽くしぼっておく。
2　山葵漬けに煮切り酒を加えて、少しやわらかくしておく。
3　野沢菜漬けを山葵漬けで和える。

白菜漬け炒め

白菜漬け　500g
胡麻油　適量
酒　適量
濃口醤油　適量
一味唐辛子　適量
白煎り胡麻　適量

1　白菜漬けは水洗いして、細かく刻んで、かたくしぼる。
2　フライパンを熱し、胡麻油をひいて、強火で白菜漬けを炒める。
3　塩加減を確かめて、酒、濃口醤油で味を調える。
4　好みの辛さになるよう一味唐辛子を加えて、仕上がりに白煎り胡麻を混ぜる。
○白菜漬けが食べきれず、酸味が出たときなどにおすすめの一品。

大根葉と皮のきんぴら

大根の葉　150g
大根の皮　150g
胡麻油　適量
合せだれ※　60cc
一味唐辛子　適量
白煎り胡麻　適量

1　大根の葉は、塩一つまみ（分量外）を入れた熱湯で霜ふりしてザルにとる。冷風で冷ましてざく切りにする。
2　大根の皮は、マッチ棒程度の千六本に切る。
3　フライパンに胡麻油をひいて、強火で大根の葉、皮を炒める。合せだれを適量加えて味を調える。
4　好みの分量の一味唐辛子を加えて、白煎り胡麻を混ぜる。

［合せだれ］
酒1（15cc）、味醂1（15cc）、濃口醤油2（30cc）
①すべてを合わせる。

材料50音別料理索引

著者紹介

田中博敏（たなか・ひろとし）

㈱黒茶屋料理顧問。

一九四九年長崎県生まれ。長崎料理店「吉宗」に入社。日本料理の修業をはじめる。その後関西に移り、「割烹豊仙」「ホテル白雲荘」「箕面観光ホテル」「峰山和久傳」を経て、滋賀「ホテルレークビワ」で熊野保氏に師事する。

一九七四年㈱灘萬（現在㈱なだ万）に入社し、「帝国ホテル店」勤務となる。一九八〇年「仙台東急ホテル店」の料理長に就任。一九八五年には、本店「山茶花荘」調理長となる。その後㈱なだ万の調理部長を歴任し、一九九七年には「なだ万厨房」取締役調理部長の任に就く。この間、一九八六年には、東京サミットにて中曽根総理大臣主催の公式晩餐会の調理担当を任命され、腕をふるった。

一九九九年㈱黒茶屋の総料理長となり、井中居の料理長を兼務する。二〇〇五年に開催された愛知万博にちなみ、JR東海の新幹線および構内で販売している「味博覧」などの弁当メニュー開発を行なうなど、多方面で幅広い活躍をしている。主な著書に『日本料理大皿の盛り込みと提供の工夫（共著）』『お通し前菜便利集』『野菜かいせき』（すべて柴田書店刊）がある。

かいせき井中居
〒198-0002
東京都青梅市藤橋二―三三一
TEL〇四二四―三〇―一六六一

◎協力

株式会社山口陶器店
〒104-0045
東京都中央区築地六―二六―三
DO築地ビル二階
TEL〇三―三五四一―四七六六

遊旬器株式会社 銘壷堂
〒844-0011
佐賀県西松浦郡有田町岩谷川内一―一―十三
TEL〇九五五―四二―二六四三

旬ごはんとごはんがわり

初版印刷　二〇一一年六月二〇日
初版発行　二〇一一年七月五日

著者©　田中博敏（たなか・ひろとし）

発行者　土肥大介
発行所　株式会社柴田書店
〒一一三―八四七七
東京都文京区湯島三―二六―九イヤサカビル
電話　書籍編集部〇三―五八一六―八二六〇
営業部　〇三―五八一六―八二八二（問合せ）
URL　http://www.shibatashoten.co.jp

印刷・製本　凸版印刷株式会社

ISBN 978-4-388-06114-3